気になる子どもの\できた!/が増える

書字指導
アラカルト

神奈川県立保健福祉大学
作業療法士
笹田 哲

はじめに

■ 書くこととは？
〜ピラミッド構造による書字の分析〜

　本書は書字が苦手な子どもたちへのサポート方法を学校の教員や親御さんにお伝えしようと思い執筆したものです。

　私は各地の学校をまわり、さまざまな「苦手」のある子どもたちへの指導を作業療法の立場から研究しております。その中で、ある学校を訪問し、小学1年生の国語の授業を見学していたときのことです。授業では、ひらがなの「な」を書く練習をしていました。先生が「な」の字の見本を書いて、「こうやって書いてごらん」と教えていました。しかし子どもたちの中には、なかなか上手に書けない子も見受けられました。何度もノートに書いて練習していますが、特に「な」のまるの線に苦戦しています。私の眼には、ある子が上手に書けない原因は鉛筆の持ち方にあり、またある子の原因は書くときの姿勢にあると映りました。鉛筆の持ち方や正しい姿勢が字を書くことにどうつながるのかを知っているからです。

　ところが、その先生は書いた字を赤字で添削し、繰り返し書くことで正そうとしていました。おそらくそれではなかなか書けるようにならないか、なるとしても無駄に時間がかかることでしょう。

　このエピソードのように、書字練習のとき、教師の目線は子どもの書いた「字」に向きがちです。しかし、字を書く子どもの体にも目をむける必要があります。座る姿勢や鉛筆の持ち方などの「土台」があってこそ、字が正しく書けるのです。さらに、字を書くには眼を上手に動かして見る力、形の認識や注意力など、脳で行われる認知の機能も問題となります。書字は、それらが統合されたとても高度な作業なのです。

動きのピラミッド

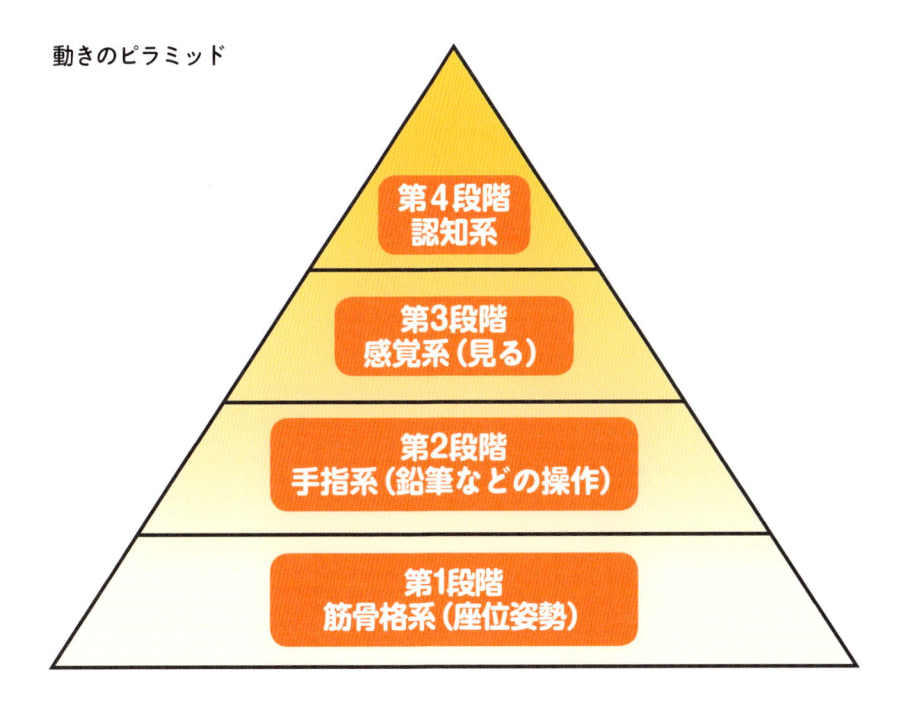

```
           第4段階
           認知系

        第3段階
        感覚系（見る）

      第2段階
      手指系（鉛筆などの操作）

    第1段階
    筋骨格系（座位姿勢）
```

　私は、子どもの体の動きを見るときの視点として、ピラミッド構造でとらえることをすすめています。ピラミッド構造は、4つの段階（筋骨格系、手指系、感覚系、認知系）から構成されています。これにしたがい、書くためには、どのような体の仕組みが必要なのかを説明します。

　第1段階は、姿勢を保つ、バランスをとる機能です。

　第2段階は、鉛筆を握る、消しゴムを握る、紙を押さえるなどの指先の操作機能です。

　第3段階は、先生や黒板、教科書などを見る感覚機能です。

　第4段階は、説明を聞いてやり方を考えたり、先生の話に注意をむけたりする、やる気、意欲などが含まれた、注意、思考の認知機能です。いわば学習の中核をなす領域で、ピラミッドの一番上位に位置しています。

　子どもたちの学習に関わっていると、一般に意欲、理解力、表現力、注意力などの第4段階に目が向きがちです。書字の場合は加えて書く動作を直接に行う第2段階の手指の動きも注目されるでしょう。

　しかし、この第4段階、第2段階の能力を十分発揮するためには、第3段階の見る力や、第1段階の姿勢が十分備わっていなければなりません。そうして、このピラミッドがなりたってはじめて学習がうまくいくことを知っていただきたいと思います。

はじめに

■ 本書の構成

　本書では、この4段階にそって書字の指導法を解説していきます。

　第1章では、姿勢に焦点をあて、座る姿勢について解説と指導法を紹介します。

　第2章では、鉛筆の持ち方や紙の押さえ方などの解説と指導法を紹介します。

　第3章では、文字などを見る眼の動きについて、解説と指導法を紹介します。

　第4章では、文字の形の認識や注意力など認知機能を取りあげて、解説と指導法を紹介します。

　第1章から第4章の各章は、「苦手チェックリスト」、「動きの解説」、「知っておきたい知識」、「指導アラカルト」の4ブロックで構成されています。

1. 「苦手チェックリスト」では、苦手な子の傾向をあげています。
2. 「動きの解説」では、動きにどのようなメカニズムがあるのか、動きができるようになるためには、どのような機能が必要なのか説明しています。また、動きを理解するために知っておきたい知識を教師・保護者からよくある質問に関連させて解説しました。

3　「指導アラカルト」では、具体的な指導の方法を示しています。ちなみに、ここではどれくらい、何回やればよいのかということは、あまり説明していません。どの子もみんな同じではないからです。最初は５回から初めて、慣れてきたら１０回行うというふうに、子どものレベルをよく見ながら、適切な回数を決めてください。

4　この他に１章、２章では「一斉授業での活用例」として、アラカルトで説明した指導を一斉授業の際に取り入れるためのやり方を提案しています。

　書字指導においては、机上で行う課題が有効なことも少なくありません。特に３章以降では、見る力や認知能力をやしなうための机上課題の例や、私が考案した対角線をひいたマスによる書き方ワークを紹介しました。本書で紹介したそれらの課題・書き方練習ワークにつきましては、本書とともに刊行する「書字指導ワーク１～３」にまとめました（P8参照）ので、あわせてご利用ください。

　本書は、主に教師を対象に書かれていますが、ほとんどの内容が家庭で取り組めるものです。保護者の方には、学校での取り組みと並行して、家庭でも子どもと取り組んでほしいと思います。

指導アラカルトの記号の見方

★★★
難易度の３段階を、★印で表しています。難易度の低い指導（★１つ）から行いましょう。

家でできる　体育館でできる
教室以外で、指導をするのに適した場所を示しています。

おはじき　地球儀
指導に使う道具を示しています。

チェックリスト
2 3 4 10 に有効
苦手チェックリストとリンクします。指導がどんな子どもに特に適しているのかがわかります。

NG
ありがちな間違いを、写真と一緒に解説しています。

目次

はじめに ……………………………………… 2
関連書籍のご案内 …………………………… 8

第1章

座るのが苦手 …………………………… 9

1. 苦手チェックリスト …………………… 10
2. 動きの解説 ……………………………… 11
   知っておきたい知識・よくある質問
3. 指導アラカルト ………………………… 14
   - 姿勢セット
   - 教室でできる体操など
   - 体育などで活用できる運動
4. 一斉授業での活用例 …………………… 26

コラム 「体幹」の重要性 ………………… 30

第2章

鉛筆を持つのが苦手 ……………………… 31

1. 苦手チェックリスト …………………… 32
2. 動きの解説 ……………………………… 33
   知っておきたい知識・よくある質問
3. 指導アラカルト ………………………… 36
   - 教室でできる鉛筆体操
   - 指先の動きアラカルト
   - 手・腕の動きアラカルト
   - 消しゴムアラカルト

- 過敏対策アラカルト
- 鉛筆削りアラカルト
- 左利きアラカルト

4. 一斉授業での活用例 …………… 58

コラム 理想的な机といすの高さとは？ ……… 60

第3章

見るのが苦手 …………………………… 61
1. 苦手チェックリスト ………………… 62
2. 動きの解説 …………………………… 63
   知っておきたい知識・よくある質問
3. 指導アラカルト ……………………… 66

コラム 書字に必要な感覚 ……………… 92

第4章

認知（脳機能）の問題 ……………… 93
1. 苦手チェックリスト ………………… 94
2. 動きの解説 …………………………… 95
   知っておきたい知識・よくある質問
3. 指導アラカルト ……………………… 98

付録　教室で配れるプリント集 ……… 107
おわりに ………………………………… 113

関連書籍のご案内

本書で紹介した机上課題を収載した「書字指導ワーク1・2・3」を刊行しております。子どもたちの苦手に応じて併せてご利用ください。収載されているものは「 ワーク1（P00） 」マークを示し、巻・ページを記載しております。

○ **文字を書く前段階の力を身につけたい！**

気になる子どものできた！が増える
書字指導ワーク1
字を書くための見る力・認知能力編

○ **ひらがなの書き方をマスター！**

気になる子どものできた！が増える
書字指導ワーク2
ひらがなの書き方編

○ **カタカナ・数字の書き方をマスター！**

気になる子どものできた！が増える
書字指導ワーク3
カタカナ・数字の書き方編

第1章

座るのが苦手

1 苦手チェックリスト

1. 書いているとき、腰が丸まっている(猫背姿勢)
2. 静かに座って書けない(落ち着きがない)
3. 顔を机に近づけて書いている
4. 体を傾けて書いている
5. 頭を傾けて書いている
6. 脚を前に伸ばして座っている
7. いすの支柱(棒)に脚を巻きつけて書いている
8. 体を机にくっつけて書いている
9. 背もたれに寄りかかって書いている
10. 書いていると、いすからすべりおちてしまう

OK

NG

数字は苦手チェックリストの番号です

第1章　座るのが苦手

2　動きの解説

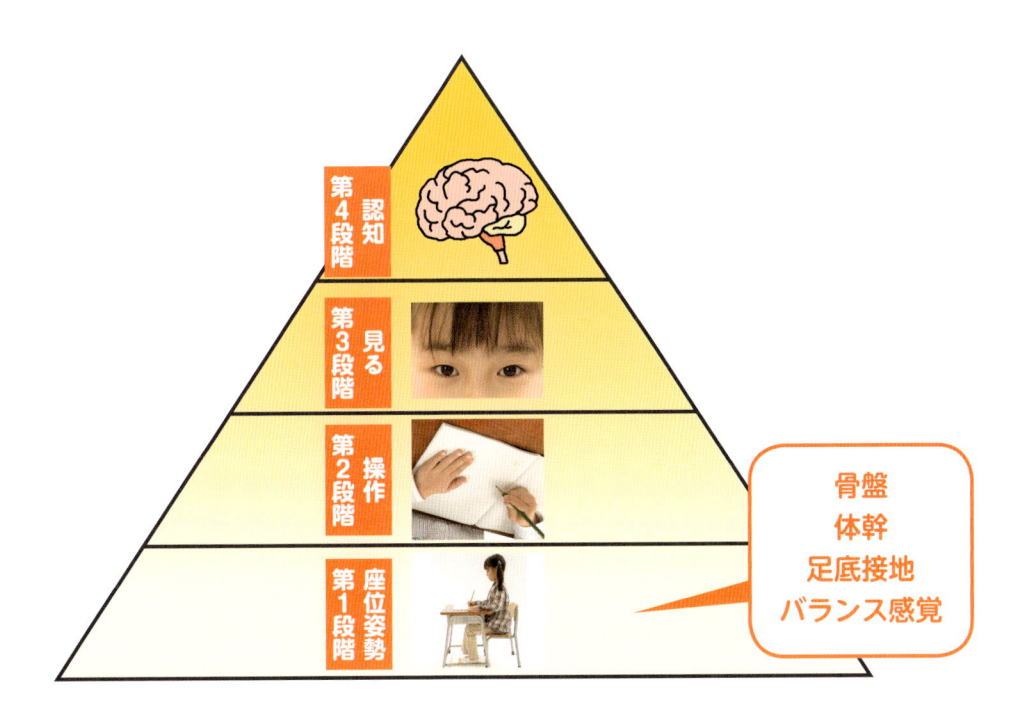

（ピラミッド図）
- 第4段階　認知
- 第3段階　見る
- 第2段階　操作
- 第1段階　座位姿勢

骨盤
体幹
足底接地
バランス感覚

書字は良い姿勢から

第1段階は姿勢です。書くときは、きちんと座った姿勢を保つことが求められます。この段階は、第2段階の指先を使う、第3段階の教科書、黒板を見る、そして、第4段階の文章を考えるなど、すべての段階の土台になります。字を書いていて姿勢が崩れてくると、第2段階では、筆圧が強かったり、または弱くなったりと悪影響を及ぼします。第3段階では、姿勢が崩れて猫背になり、首の動きも制限されて、頭を上げたまま黒板や先生を見ることが難しくなります。第4段階では、過剰に力を使うために、疲れやすくなります。注意が散漫になり、ミスや聞き漏らしや作業の遅れにつながります。このように、座りの崩れは、すべての面で悪影響を及ぼします。

POINT!!

❗ **腰を起こして座る**
❗ **脚の支えで座りを安定させる**
❗ **体が傾かないように、バランスを保つ**

▶ きちんと座るためには、バランスが大切です。どこのバランスを保てばよいのか、次のページで詳しく解説します。

> **知っておきたい知識**
> ① 腰が起きる（骨盤前傾）　② 腰が丸まる（骨盤後傾）
> ③ 足の接地　④ 体幹　⑤ バランス感覚

よくある質問　体のどこで座るのでしょうか？

知識 ①② がワカル！

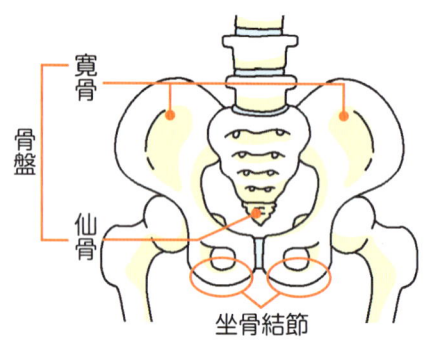

骨盤は左右の寛骨（かんこつ）と仙骨（せんこつ）からできており、図の丸で囲んだ出っ張っている部分を坐骨結節と言います。ここで体を支えると骨盤が前傾します。

図：骨盤（寛骨・仙骨・坐骨結節）

よくある質問　座っているときの腰はどのような状態がよいのでしょうか？

知識 ①② がワカル！

図1／図2

図1は、腰が後ろにまるまっています（後傾）。これに対し、図2は腰が起きています（前傾）。図2が理想的な腰の位置です。腰がまるまると、脊柱もまるまって、猫背になります。坐骨結節で体を支えると、背筋が伸びます。「背筋をまっすぐ伸ばしなさい！」と注意しても、腰が後傾した状態ならば、背筋を伸ばしてもまたすぐに崩れてしまいます。図2のように腰を起こすことが大切です。

第1章　座るのが苦手

よくある質問：座る姿勢で脚は重要でしょうか？

知識 ③ ④ がワカル！

脚の支えは、よい座りを「持続」させるポイントとして重要です。脚の支えが弱いと、腰が後傾してきます。脚の踏ん張りが体幹を安定させて、効率のよい指先の動きにつながります。また、靴を脱いでしまう子もいますが、その場合は触覚過敏がないか確かめておきましょう。

よくある質問：座る姿勢が崩れる原因は、筋力の問題でしょうか？

知識 ⑤ がワカル！

座りをよくするために、筋肉だけでは十分と言えません。体が傾かないよう保持するには、バランス感覚の働きも必要です。

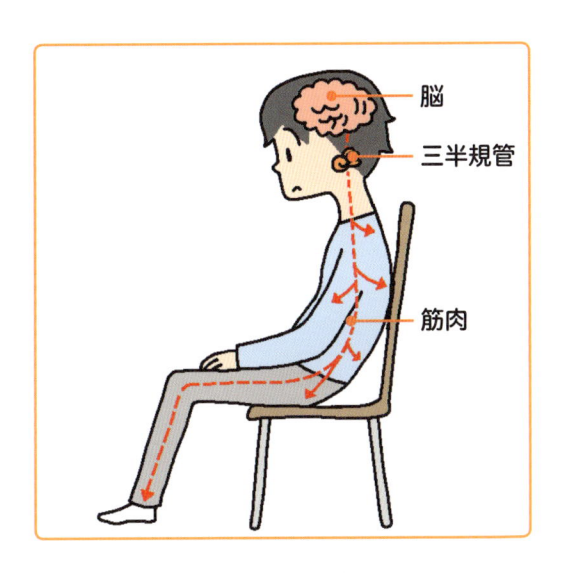

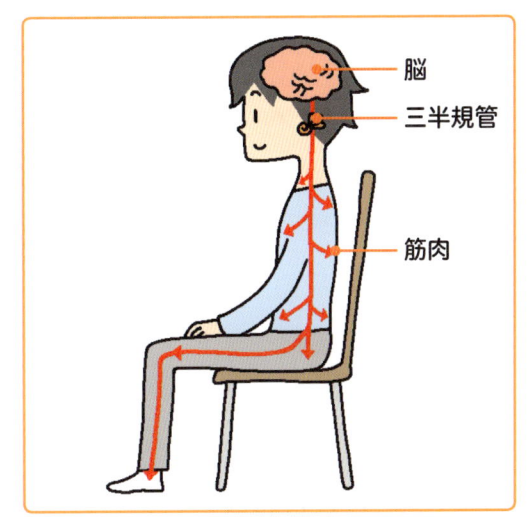

（図：脳、三半規管、筋肉）

座りの姿勢が安定してはじめて、正しい指先の動きや眼の動きにつながります（書く、定規を使う、リコーダーを吹くなど）。よい座り姿勢を保つことは、指先や眼を効率よく使うために必要なことなのです。

3 指導アラカルト

姿勢セット

腰セット ★

骨盤の前傾をうながす

のどの下の部分と、背中の真ん中に手を当て、サンドイッチし、上に持ちあげるように補助します。腰が起きるよう（骨盤を前傾）にセットします。

家でできる
チェックリスト
1 3 9 に有効

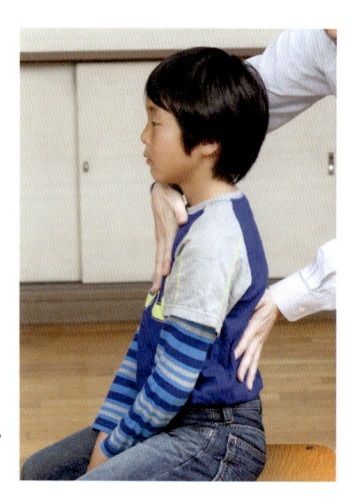

サポートして正しい姿勢を身につけさせます

脚セット ★

チェックリスト
6 7 に有効

足底をしっかり床につける

腰だけでなく、脚にも注目しましょう。脚の支えが不安定だと、座りも不安定になり、長く座り続けることが困難になります（正しい脚セットはP10のOK写真を参照）。

● 悪い座り方の例

脚放り出し

お尻の支えが弱く、指先に十分な力が入りません。ひざを90度近く曲げて、足底が床につくようにします

NG

ひざを伸ばして、脚を放り出している座り方です

パイプ脚乗せ

踏んばりがきかなくなるため、姿勢の崩れの原因になります。パイプから脚をおろし、床にしっかり接地します

NG

足底を机下のパイプに乗せています

第1章　座るのが苦手

かかと踏み

踏んばりが効かなくなり、姿勢の崩れの原因になります。靴を踏んだり脱いだりしないよう、靴を履くようにうながします

靴を脱いで書いています

パイプ巻き付け

脚が安定しないので、姿勢の崩れの原因になります。ひざを直角にして足底を床につけます

いすのパイプに脚を巻き付けています

つま先つけ

持続して体を支えられない原因になります。足底を床につけるようにうながします

ひざを過度に曲げてつま先部分のみを床につけています

片脚のせ

脚が安定しないので、姿勢の崩れの原因になります。両脚の足底を、床につけるようにうながします

片脚を座面にのせて、座りが不安定な状態です

机の距離セット ★ チェックリスト 8 に有効

机といすの距離を正す

体を机から少し離します。字を書くときは体幹を前に傾けるので、机と体をぴったりつけると、動きが抑制され、骨盤の後傾を引き起こします。姿勢が崩れる原因となるので確認しましょう。

机とお腹の距離が適切です。いすに浅く座り背骨がまっすぐ伸びた状態になっています

NG 机とお腹の距離が近すぎます。動きが制限されると骨盤の後傾を引き起こして、姿勢が崩れる原因となります

座り位置セット ★

骨盤の前傾をうながす

いすに深く腰かけると骨盤が後傾しやすくなる場合は、いすに浅く座らせ、腰を起こすようにします。

チェックリスト 1 9 10 に有効

骨盤が前傾しています

第1章　座るのが苦手

腰浮かせリセット

★　チェックリスト 1 3 6 7 9 に有効

骨盤の前傾をうながす

授業中に座りが崩れてきたら、いすの座面からお尻を少し浮かせ、座りなおしましょう。または、一度起立して座りなおす方法もよいでしょう。

いすに深く座り、骨盤が後傾しています

一度、中腰の状態まで立ちます

腰浮かせリセット法をすると、骨盤が前傾になります

教室でできる体操など

手組み脚あげ体操 ★

骨盤の前傾をうながし、背筋を伸ばす

両ひじを机につけて、脚を上下にあげたり、交互に動かしたりする体操です。

チェックリスト 1 3 4 5 9 10 に有効

① 脚保持体操

両ひじを机につけてしっかり支えます

両脚を床から5秒離します。これを5回程度繰り返します

背筋が伸びているかチェックします

② 脚交互体操

両ひじを机につけてしっかり支えます

脚を交互にあげます

第1章　座るのが苦手

足脚体操（あしあしたいそう） ★★

背筋の伸びとバランス感覚をやしなう

自分の足で脚をこする体操です。3つの方法があり、靴のかかとを踏む、すぐ脱ぐなどの過敏対策にもなります。ひざをあげる動作により、背筋も伸びます。

家でできる
チェックリスト
1 2 3 4 5 9 10 に有効

① 内側こすり体操

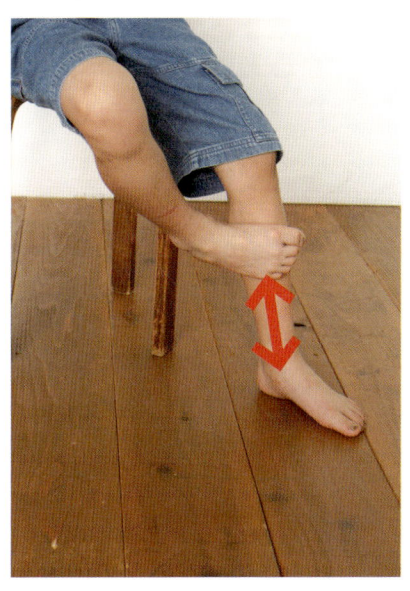

内くるぶしに足底をあて、上にこすりあげていきます。4回行います

② 外側こすり体操

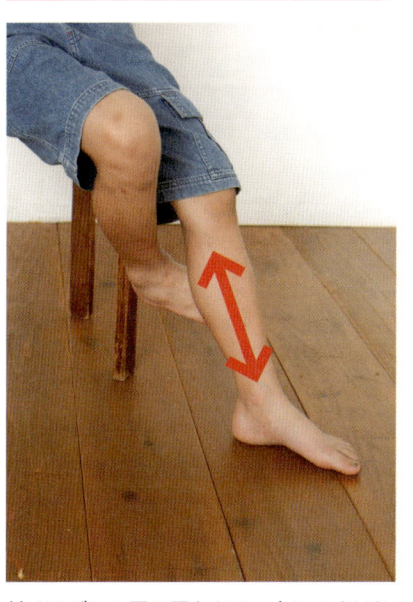

外くるぶしに足の甲をあて、上にこすりあげていきます。4回行います

③ アキレス腱はさみ体操

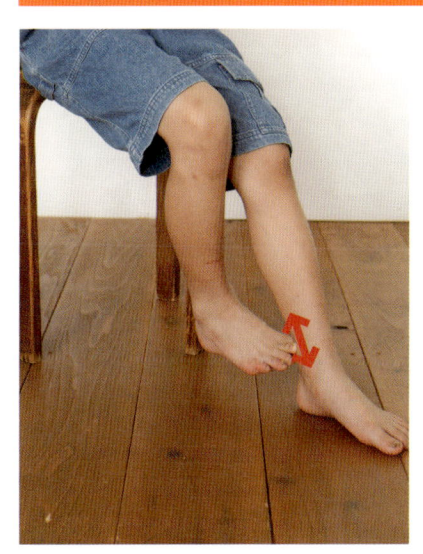

アキレス腱を親指と人差し指ではさみ、上下に動かします。4回行います

肩回し体操 ★

猫背を改善

このように肩を回すことで、背筋を伸ばすことができます。

家でできる
チェックリスト
1 に有効

指先を肩にのせて、前へ回します

指先を肩にのせて、後ろへ回します

壁クッション ★★

背筋を伸ばす

柔らかめのクッションを壁と背中ではさみ、背筋を伸ばします。

家でできる
クッション
チェックリスト
1 に有効

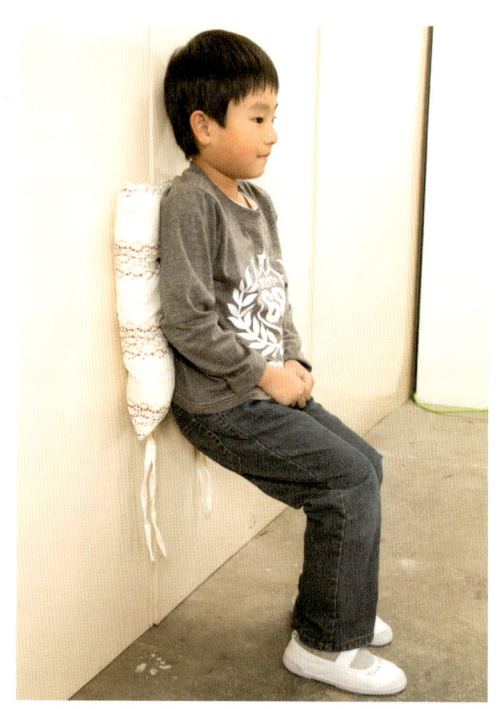

クッションが落ちないように、背中を壁に押しつけます

タオルはさみ ★★

背筋を伸ばす

タオルをいすの背もたれと背中の間にはさみ座ります。大人がタオルを上へゆっくり引きます。

> 家でできる
> タオル
> チェックリスト １ に有効

子どもはタオルが抜けないよう、背中を背もたれへ押しつけます

体育などで活用できる運動

腕支え ★

腕の支えをやしなう

手のひらをしっかり開き、手のひら全体で、体が倒れないように支えます。顔は、前方をむきます。下を見ないように気をつけましょう。

> 家でできる
> チェックリスト ３ ４ に有効

ひじで這う、四つ這い、高這い

★

バランス感覚や腕の支えをやしなう

四つ這い、高這いともに、頭が下がらないように気をつけます。前方または天井を見ながら前進させましょう。

家でできる
チェックリスト
1 3 9 10 に有効

ひじで這う

うつぶせの状態から、床にひじをつけて上半身を起こします

前方や天井に視線をむけ、腕で前進します

四つ這い

手のひらとひじを床につけて、四つ這いになります

前方や天井に視線をむけ、腕と脚の力で前進します

高這い

手のひらと足底を床につけ、高這いになります

前方や天井に視線をむけ、腕と脚でバランスをとりながら前進します

あぐらダルマ ★

家でできる
チェックリスト
1 9 10 に有効

バランス感覚をやしない、背筋を伸ばす

股関節をしっかり広げてあぐら座りをします。骨盤が後傾していないか、猫背になっていないか確認しましょう。慣れてきたら、前後左右に体を揺らして、時計回りに回ってみましょう。腰をまるめて猫背の姿勢でも行い、比較してみましょう。

バランスボールの活用 ★★

座位バランスをやしなう

バランスボールの空気を少し抜いて、座りやすくします。いすや壁につかまりながら、前後方向に揺らします。腰を起こしたり、まるめたりして、腰の起こし方と背筋の伸ばし方を学びます。他にも腹ばい、あお向けなどの姿勢でバランスをとるのもよいでしょう。

> **家でできる**
> **バランスボール数個**
> チェックリスト
> 1 2 4 9 10
> に有効

★★ 背筋を伸ばします

★★ 腰をまるめます

★★ 体の重心を左へ傾けます

★★ 体の重心を右へ傾けます

第1章　座るのが苦手

★★　座ったままバランスが上手にとれない場合は、両足を壁につけて、体を支えます

★★　腹ばいに乗って、両手を床につけます

★★　あお向けに乗って、両足を床につけます

★★★　あお向けで、片足だけ床につけます

4 一斉授業での活用例

活用例1

★

チェックリスト
1 3 4 9 に有効

骨盤の前傾をうながし、背筋を伸ばす

全員に起立をうながし、肩回し体操を行います。着席の際には、背もたれによりかからず浅めに座るようにうながします。

① 起立

↓

② 肩回し体操 前後各5回
（P20参照）

↓

③ 座る

活用例2

★★

チェックリスト
1 3 4 6 7 9 10 に有効

骨盤を前傾にし、背筋を伸ばして、足底を床につける

生徒は座ったままの状態で、脚保持体操を行います。その際、腰を起こすことをうながし、分からない生徒がいる場合は、腰をセットします。

① 脚保持体操 5回
（P18参照）

↓

② 腰セット
（P14参照）

第1章　座るのが苦手

活用例3

★

チェックリスト
1 3 4 6 7 9 10 に有効

骨盤を前傾にし、背筋を伸ばして、足底を床につける

体幹が前傾になっているか確認します。いすの背もたれによりかかっていたら、軽くお尻を浮かせて、浅く座るようにうながします。次に腰セット、脚セットを行い、姿勢を整えます。

① 腰浮かせリセット
（P17参照）

↓

② 腰セット
（P14参照）

↓

③ 脚セット
（P14〜15参照）

活用例4　★★

座位バランスをやしなう

バランスボールの空気を少し抜いて、座りやすくします。いすや壁につかまりながら、前後方向、左右方向に揺らします。腰を起こしたり、まるめたりして、腰の起こし方と背筋の伸ばし方を学びます。

家でできる
バランスボール数個
チェックリスト
1 2 4 9 10
に有効

① ボール前後運動
（P24上段参照）

↓

② ボール左右運動
（P24下段参照）

活用例5 ★

よくないやり方をやってみる

あえてよくないやり方をやってみた後に、正しいやり方を体験することで、正しいやり方のコツがつかめます。授業の中で行ってみましょう。

チェックリスト **1 3 4 9** に有効

思いっきり腰と背中をまるめて書いてみる

授業で正しい姿勢を教える際に、あえて悪い姿勢で書いてみることを体験させます。書きにくさに気がつき姿勢の重要性が理解できます。

いすに深く座り、骨盤が後傾になっています

脚をぶらぶらさせたり、脚を浮かせたりしながら「あいうえお」を書いてみる

こうすることで、脚の支えがないと書きにくいことに気づきます。足を床につけることの重要性を確認します。

足底が床についていないので、体を支えられない状態です

第1章　座るのが苦手

あぐらで座り、腰をまるめたり、起こしたりしてみる
体育などの時には、あぐらで座って子どもによい座りと悪い座りを体験させます。

背筋が伸び、骨盤が前傾になっています 　　　　猫背になり、骨盤が後傾しています

座るのが苦手な子への サポートのコツ

背中ではなく骨盤・脚に注目して姿勢を正す

書字の姿勢を正す際に背筋を伸ばそうというだけでは、また姿勢が崩れてきます。骨盤の前傾や脚の支えがしっかりできているかを確認します。

COLUMN 「体幹」の重要性

▶ 腕、脚を動かすときは、体幹の働きも重要

体幹とは、体の幹となる胴体部分（肩から骨盤まで）のことで、腕や脚の動きと密接に関係しています。普段、私たちが腕をあげたり、ボールを投げたり、字を書いたりする動作は、体幹の安定がないと上手くできないのです。

▶ 体幹の動き

1. 伸ばす動き
   → 背筋を伸ばし正しい姿勢を支える
2. 左右にひねる動き
   → 書く際の腕の動きをスムーズにする

体幹には伸ばす、ひねるの２つの動きがあります。書字指導の際にもこの２つの動きに注目しましょう。

▶ 体幹の書字への影響例

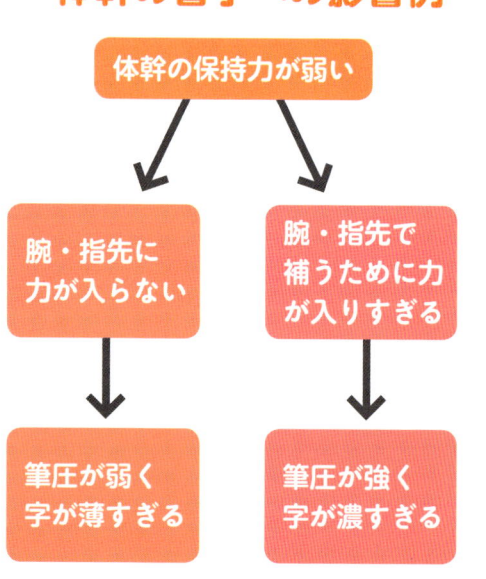

体幹の保持力が弱い

↓ ↓

| 腕・指先に力が入らない | 腕・指先で補うために力が入りすぎる |

↓ ↓

| 筆圧が弱く字が薄すぎる | 筆圧が強く字が濃すぎる |

第2章

鉛筆を持つのが苦手

1　苦手チェックリスト

1. 鉛筆を持ちたがらない（手に触れるのを嫌がる）
2. 鉛筆の先端（削り部分）を持って書いている
3. 親指を人差し指につけて書いている
4. 人差し指の第一関節部を逆「く」の字にして書いている
5. 筆圧が強い/弱い（字が濃い/薄い）
6. 鉛筆補助具を使っても上手く書けない
7. 消しゴムや鉛筆削り器の操作ができない
8. 書くときに紙を上手に押さえられない
9. 机の端で書いている
10. 左利きの場合で、手首を折り曲げて書いている

OK

NG

数字は苦手チェックリストの番号です

2 動きの解説

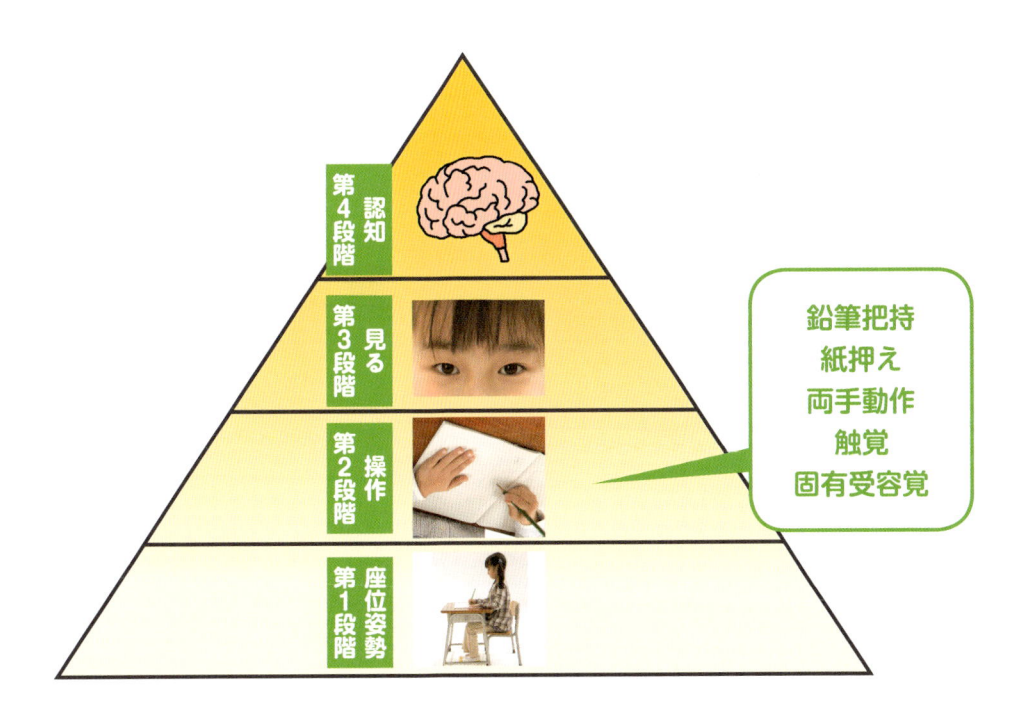

ピラミッド図：
- 第4段階　認知
- 第3段階　見る
- 第2段階　操作（鉛筆把持／紙押え／両手動作／触覚／固有受容覚）
- 第1段階　座位姿勢

書くために両手を使う

第2段階は、手指を操作する段階です。私たちが何かを書くときは、利き手で鉛筆を操作し、非利き手で紙を固定します。つまり、2つの手で「静」と「動」の操作をしなければなりません。鉛筆の持ち方が悪いと、書きづらくなるだけでなく、第1段階では、指先に過剰な力が入り、肩こりにつながります。第3段階では、指が邪魔になり、芯や文字が見えにくくなり、眼が疲れてきます。第4段階では、書くのが遅くなり、先生の話を聞き漏らす、注意が散漫になるなどして、学習の遅れにつながります。このように、鉛筆の持ち方が悪いと、いろいろな面に悪影響を及ぼします。

POINT!!

- **持ち方のクセをみつける**
- **指先の動きをうながす**
- **非利き手で紙を押さえる**

▶ 文字を書くためには、両手を使うことが大切です。持ち方のクセを改善したら、非利き手の使い方も教えましょう。

知っておきたい知識

① 触覚　② 固有受容覚　③ 3指握り

よくある質問：字が極端に濃い、あるいは薄いのは、筋力の問題ですか？

知識 ①② がワカル！

私たちは、指先の筋肉と固有受容覚(こゆうじゅようかく)(P92参照)の連動で、字を濃く書いたり、薄く書いたりできます。固有受容覚とは、関節の動きや力の加減の感覚で、関節と筋肉の中に感覚器が存在します。さらに、触覚の働きも筆圧に関係します。触覚は、皮膚の表面に感覚器が存在し皮膚に物が触れることを感知します。また座位姿勢が不安定であると、指先に力が入りすぎたり、入らなかったりするので、姿勢にも注目しましょう。

よくある質問：持ち方と年齢は関係がありますか？

知識 ③ がワカル！

持ち方は、年齢によって以下のように発達していくのが一般的です。

1歳〜1歳半くらい
クレヨンを手のひらで握り、腕を動かして書く

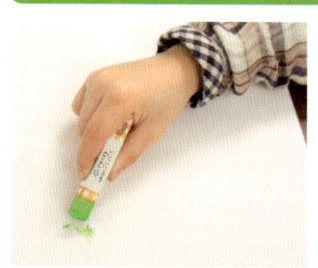

2歳〜3歳くらい
クレヨンを指先で持ち、前腕を動かして書く

3歳半〜4歳くらい
クレヨンを親指、人差し指、中指で持ち、ひじや手首を動かして書く

4歳半〜6歳くらい
クレヨンを親指、人差し指、中指でしっかりと握る。薬指、小指は曲げて親指と対向している

第2章　鉛筆を持つのが苦手

よくある質問　この持ち方は正しいですか？

知識3がワカル！

正しい持ち方（P32、OK写真参照）を（動的）3指握りと言います。逆に悪い鉛筆の持ち方には下記のようなパターンがあります。特徴と照らし合わせて、持ち方のクセを見つけたら、指導アラカルトで改善しましょう。

先端持ちパターン

鉛筆の先の円錐部分を握る持ち方。親指の関節が極度に曲がる

特徴
- 芯が親指で隠れる
- 頭を傾けて書く
- 字が濃い
- 手が疲れる
- 字が雑になる

親指でっぱりパターン

親指を人差し指にあてる持ち方。必要以上の力で書く傾向がある

特徴
- 字が濃い
- トメ、ハネ、ハライが雑
- 速く書けない
- 角ばった字を書く
- 手が疲れる

人差し指逆「く」の字パターン

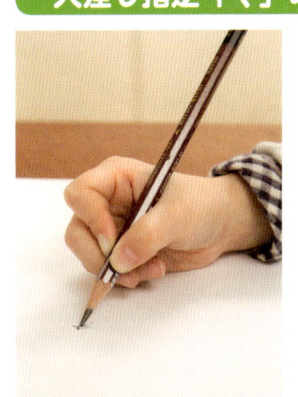

人差し指の指紋部を鉛筆にあてて第一関節が反り返っている持ち方

特徴
- 字が濃い
- 疲れやすい
- 丁寧だが、早く書けない

手首曲げパターン

手首を過度に曲げている持ち方。左利きに多い

特徴
- 速くて雑
- ゆっくり書けない
- 文字のトメ、ハネ、ハライが雑

吸盤持ちパターン

親指、人差し指、中指の指紋部を鉛筆にあてて、タコの足のように握る持ち方

特徴
- 字が濃い
- 速く書けない

鉛筆立て持ちパターン

鉛筆を垂直に立てたり、前方に傾けたりしながら握る持ち方

特徴
- 字が薄い
- 丁寧だが、速く書けない

3 指導アラカルト

親指でっぱり対策１ ★

親指のでっぱりを修正する

親指がでっぱっている場合、指紋部が鉛筆を押さえるようにうながします。鉛筆の上で親指と人さし指の先を合わせるようにするのもよいでしょう。

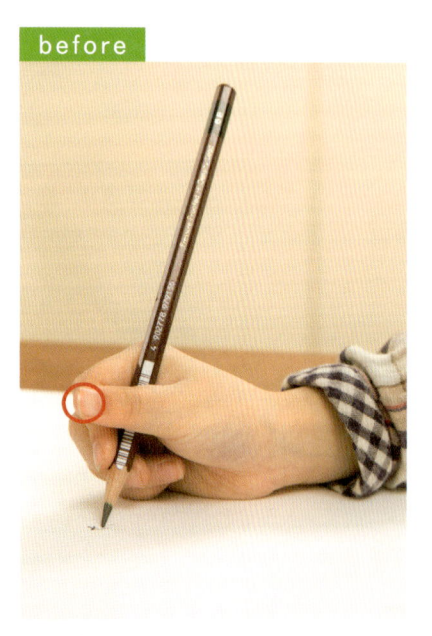

> 家でできる
> チェックリスト
> ３ に有効

before

親指が鉛筆を持たず、人差し指にあたっています

after

親指の指紋部で鉛筆をおさえています

親指でっぱり対策2 ★

親指のでっぱりを修正する

親指と人差し指でリングをつくり、開いたり閉じたりします。「パチパチ」などと言いながらするとよいでしょう。

家でできる
鉛筆 用紙
チェックリスト
3 に有効

指を大きく開きます

きれいなまるをつくりましょう

次に、鉛筆を垂直に持ち、親指と人差し指で鉛筆をつまんだり離したりします。「親指、パチン」などと言いながら行うとよいでしょう。

指を大きく開きます

「パチン」と言いながら鉛筆をつまみます

最後に、3本指で鉛筆を持ち、机におきます。慣れてきたら、鉛筆を持って線を書きましょう。

人差し指に親指があたっていないか確認します

紙に線や文字を書いてみます

輪ゴムストッパー ★

先端持ちの修正

円錐部の境界に目印として輪ゴムをつけます。補助具をつけている場合は、書きながら補助具がさがっていないか確認しましょう。

家でできる
輪ゴム
チェックリスト 2 に有効

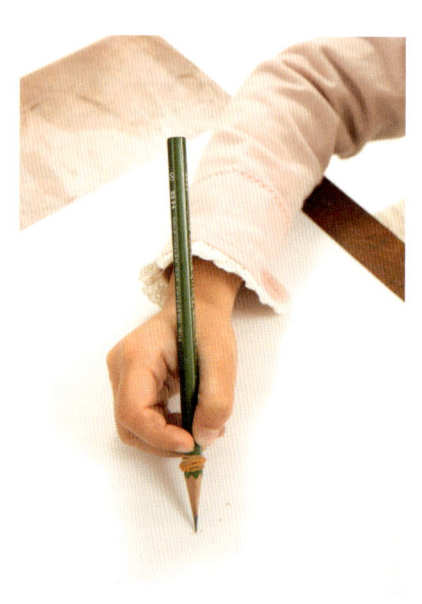

円錐の境界に輪ゴムを巻きつけておくと、先端持ちを防げます

第2章　鉛筆を持つのが苦手

おはじき挟み ★

親指のでっぱりを修正する

おはじきをはさみながら、鉛筆を持ちます。慣れてきたらおはじきをとりましょう。

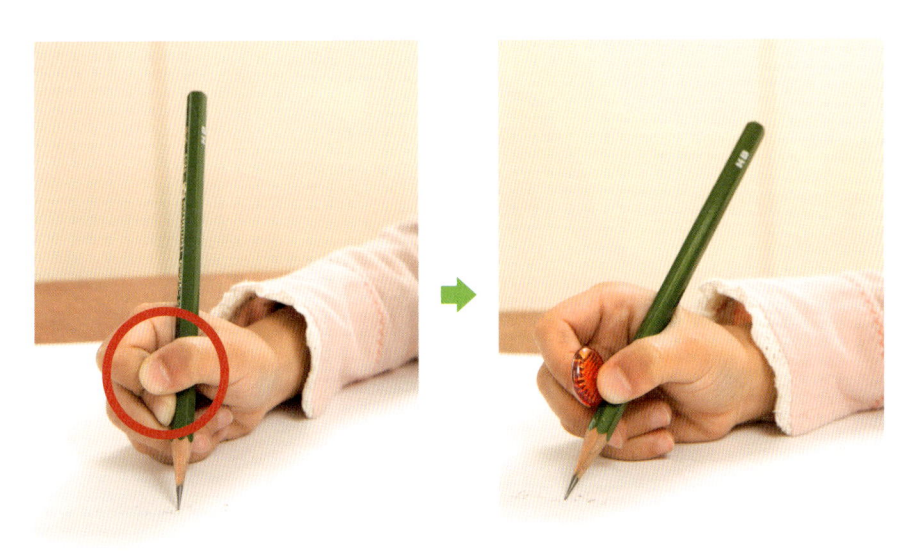

> 家でできる
> おはじき
> チェックリスト
> ③ に有効

人差し指に親指があたっています

人差し指と親指の間におはじきをはさみます

人差し指逆「く」の字対策 ★

人差し指の逆「く」の字を修正する

人差し指を伸ばし、親指よりも前に持つようにうながします。この状態で、なぞり書きの練習をします。

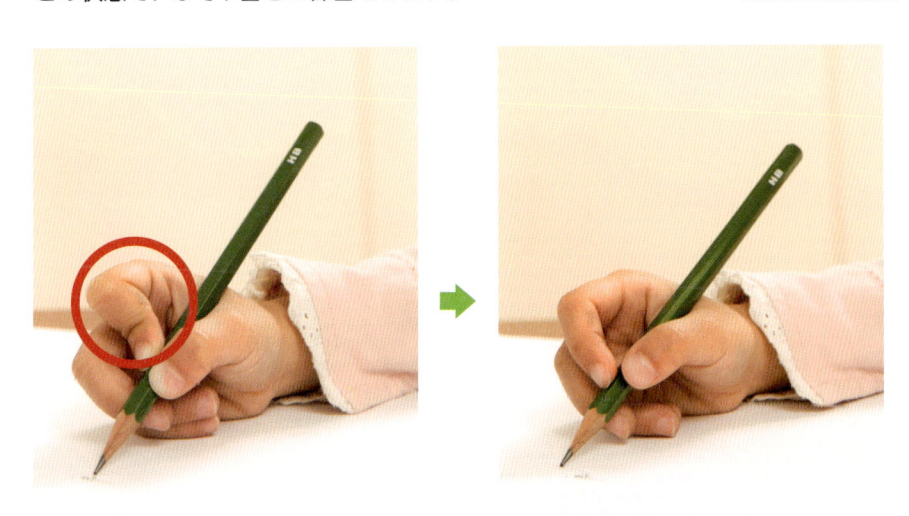

> 家でできる
> チェックリスト
> ④ に有効

人差し指に力が入りすぎています

人差し指を鉛筆の先端へ動かします

39

測ってチェック ★★

指先の力加減をやしなう

はかりの上に紙をおいて、芯先を紙にあてます。目盛りを見ながら、力加減を学習します。慣れてきたらはかりをとって、紙に線や文字を書きます。線や文字の濃さで筆圧を確認します。

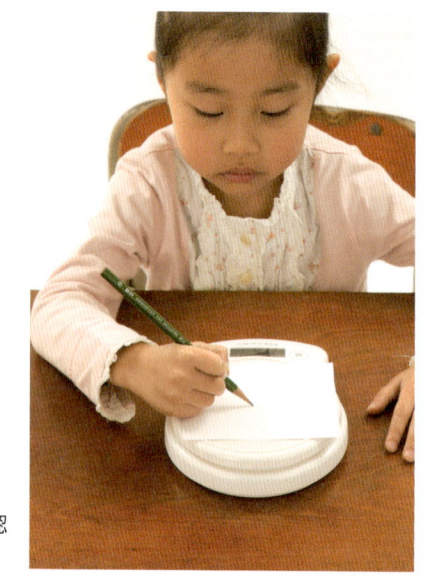

家でできる
用紙　鉛筆
測り計
チェックリスト
5 に有効

はかりの目盛りを確認しましょう

濃さを真似しよう ★★　ワーク1（P9）

筆圧の調節を学ぶ

濃さが異なる見本の横に、同じ濃さの線を引きます。

家でできる
チェックリスト
5 に有効

力加減に注意しながら線をひきます

第2章　鉛筆を持つのが苦手

補助具チェック　★

正しい補助具の使い方を身につける

補助具を使う場合は、手からずれていないか、指がフィットしているかどうかを確認しましょう。また三角形の鉛筆も市販されており、持ち方の改善に有効です。

家でできる
補助具　鉛筆
チェックリスト
6 に有効

親指が補助具からずれています

親指が補助具につくようにフィッティングしましょう

三角鉛筆は親指、人差し指、中指を各面にあてて持ちます

親指、人差し指、中指で補助具の部分を持ちます

教室でできる鉛筆体操

鉛筆頭たたき体操 ★

親指の動きをうながす

鉛筆の頭部を、親指でたたきながら押しこみます。力の入れ方を学びます。

> 家でできる
> 鉛筆
> チェックリスト ③ に有効

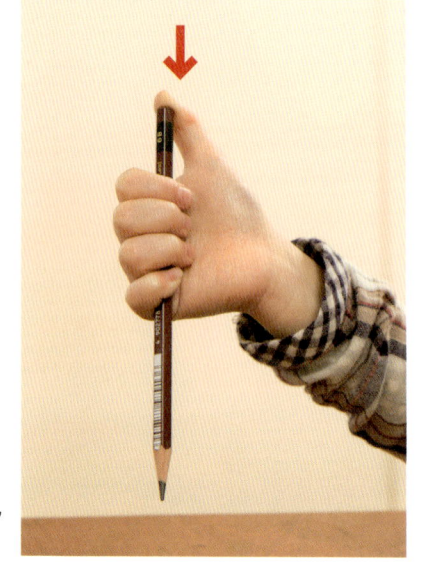

鉛筆の頭部を親指で押しこみます

鉛筆クルクル体操 ★

親指の動きをうながす

手のひらに、鉛筆の頭部をあてます。もう片方の手で鉛筆の削り部を持ち、落とさないようにクルクル回していきます。

> 家でできる
> 鉛筆
> チェックリスト ③ に有効

親指と人差し指だけでクルクル回します

鉛筆コロコロ体操 ★

親指の動きをうながす

鉛筆を親指と人差し指でつまみます。落とさないようにコロコロ転がします。

> 家でできる
> 鉛筆
> チェックリスト
> ③に有効

親指と人差し指を指紋部にあてて、大きく動かしましょう

親指コロリン体操 ★★

親指の動きをうながす

鉛筆を持ち、親指の腹側で鉛筆に触れます。親指を曲げて鉛筆をコロコロ回転させます。親指でっぱりの防止にもなります。

> 家でできる
> 鉛筆
> チェックリスト
> ③に有効

親指の第一関節を動かして鉛筆を転がし、元に戻します

しゃくとり虫体操 ★★★

親指の動きをうながす

親指、人差し指、中指で鉛筆の頭を持ちます。しゃくとり虫のように指を曲げたり伸ばしたりしながら、鉛筆の先端へ移動させます。できたら上に戻ります。親指のあて方を学びます。

> 家でできる
> 鉛筆
> チェックリスト
> 3 に有効

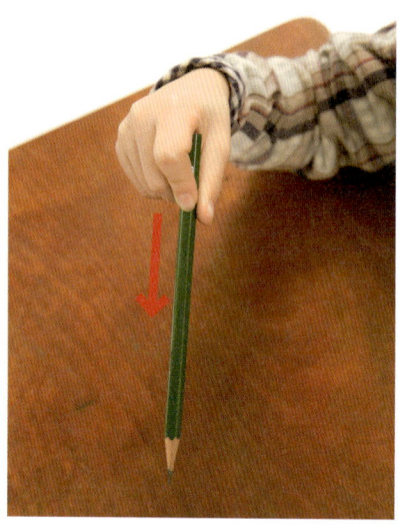

鉛筆を移動しやすいように軽く持って、親指、人差し指、中指を大きく動かします

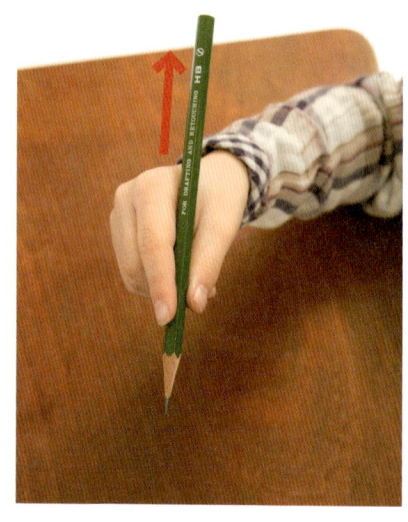

できたら上に戻ります

指先の動きアラカルト

クロスリングすもう ★

親指の動きをうながす

左右の手でリングを作り、鎖のように交差させます。引っぱり合ってはずれないように、力をいれます。親指で押える力をやしないます。

> 家でできる
> チェックリスト
> 3 に有効

親指と人差し指に力をいれて輪が外れないようにします

第2章　鉛筆を持つのが苦手

オー（O）リング ★

指先の操作力をやしなう

親指と人差し指で、Oリングをつくります。だ円ではなく正円になるように、指をやわらかく曲げます。

> 家でできる
> チェックリスト
> ３ に有効

きれいなまるを作りましょう

まるがつぶれています

両手でさくらんぼの形をつくってみるのもよいでしょう

包み紙ひねり ★

鉛筆削りをひねる力をやしなう

お菓子の袋を捨てる前にひねりの練習をして、親指でつまむ力をやしないます。

> 家でできる
> お菓子の包み紙
> チェックリスト
> ３ に有効

あめの包み紙など身近なものを使います

手首を使って、包み紙をひねります

45

こま遊び ★★

鉛筆削りをひねる力をやしなう

親指と人差し指で、こまを回します。指でひねる力をやしないます。

家でできる
こま
チェックリスト
3 に有効

どれだけ長い時間回せるか数えながら行うとよいでしょう

洗濯ばさみ小球 ★★

親指の動きをうながす

洗濯ばさみの先端で小球をつまみます。親指で押さえる力をやしないます。

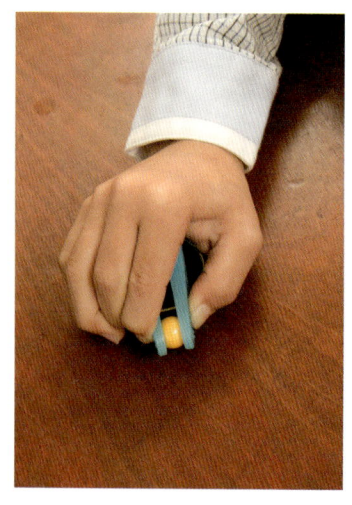

家でできる
小球　おわん
洗濯ばさみ
チェックリスト
3 に有効

親指と人差し指で洗濯バサミを開いて、小球をつかみます

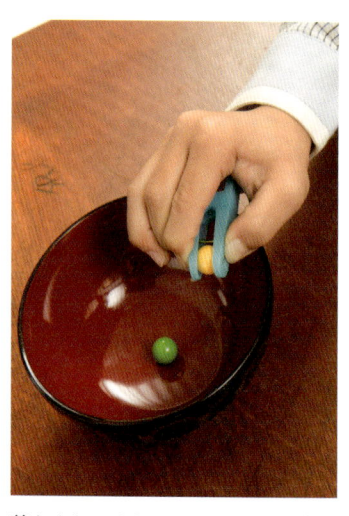

落とさないようにおわんまで運びます

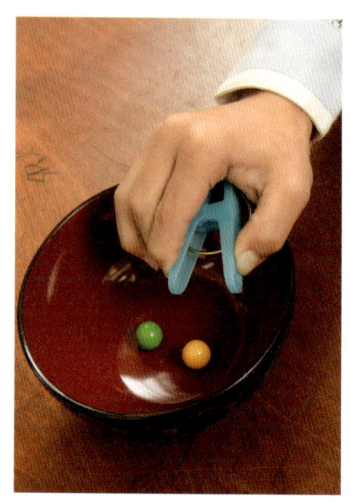

おわんの中へ小球をいれます。ゲーム感覚で行うとよいでしょう

第2章　鉛筆を持つのが苦手

プチプチつぶし ★★

親指の動きをうながす

ワインコルクを親指、人差し指、中指の3本で持ちます。ワインコルクで、プチプチをつぶします。

家でできる
ぷちぷち
ワインコルク
チェックリスト
3 に有効

コルクでプチプチをつぶします

ちらし巻き ★★

親指の動きをうながす

両手を使って、チラシをクルクルと巻き、細い棒にしていきます。最後まで巻けたら、セロハンテープでとめます。

家でできる
ちらし
セロハンテープ
チェックリスト
3 に有効

指先でチラシを端から細く巻きます 　　巻けたらセロハンテープでとめます 　　楽しみながら作るとよいでしょう

手・腕の動きアラカルト

ビッグサークル ★

運筆をうながして、筆圧を高める

大きめの紙いっぱいにまるを書きます。指先や体幹、腕の練習になります。子どものレベルにあわせて、手首やひじを持って補助します。

家でできる
クレヨン
画用紙
チェックリスト
[5] に有効

勉強机いっぱいの大きさの紙を用意するとよいでしょう

ブロッククレヨンの活用 ★

消しゴムで消す力を身につける

ブロッククレヨンを握って、画用紙に手のひら全体を使ってなぐり書きをします。握りや手首の力をやしないます。

家でできる
ブロッククレヨン
画用紙
チェックリスト
[5][7] に有効

なぐり書きをすることで、手の操作性が高まります

第2章　鉛筆を持つのが苦手

ひじスライダー ★

体幹の保持力、腕の動きを高める

いすに座った状態で行います。テーブルにたたんだタオルをおき、その上に腕をおいて、前後方向へ滑らせるように動かします。体幹がぶれないようにしっかり保持します。慣れてきたら、鉛筆を持って線を書きましょう。

家でできる
タオル　鉛筆
用紙
チェックリスト
5 9 に有効

ひじを伸ばして、タオルの上におきます

ひじを曲げて、タオルを滑らせながら手前に引きます

慣れてきたら、その状態で文字や線を書きます

机テーブル拭き ★

腕の動きを高める

布巾で机をふきます。最初は前後方向に、それから左右方向に行います。隅から隅まで、ゆっくり行いましょう。利き手だけでなく、紙を押さえる逆の手でも行いましょう。

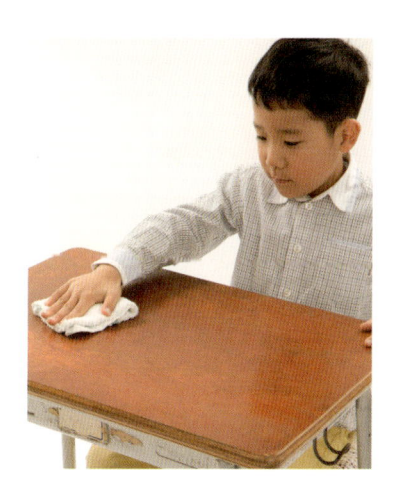

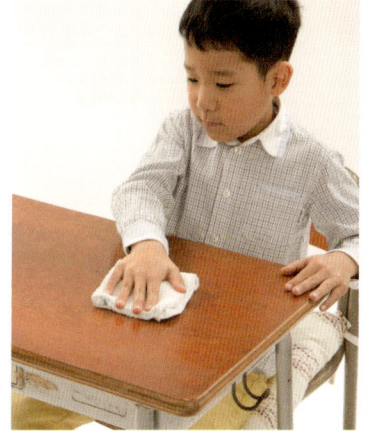

家でできる
布巾　椅子
机（テーブル）
チェックリスト
8 に有効

腕を大きく動かして机をふきます

49

手押さえチェック ★

紙を押える力をやしなう

押さえる手が、ノートなどから浮いていないか確認します。指をまるめず、手首が浮かないように、手のひら全体で押さえましょう。

家でできる
紙　ノート
チェックリスト 8 に有効

指の伸びと手首の位置を確認します

NG 紙を押さえないと、書くときに安定しません

机末端書きチェック ★

効率のよい書き方を身につける

ノートなどを机の端において文字を書いていると、ひじが机から落ちて、字が雑になったり、濃くなったりときれいに書けません。机の中央で書くようにうながします。

家でできる
机　いす
鉛筆　ノート類
チェックリスト 9 に有効

ひじが机から落ちて、不安定になっています

第2章　鉛筆を持つのが苦手

新聞紙やぶり ★★

紙を押える力をやしなう

両手のひらを新聞の上におき、腕を横に開きながら新聞を破ります。また、指で新聞を持ちあげ、縦に新聞を破ります。

家でできる
ちらし
チェックリスト
⑧ に有効

① 手のひらで

手のひらに力をいれます

② 指先で

指先でしっかり新聞をつかみます

消しゴムアラカルト

消しゴムチェック ★

消しゴムで消す力を身につける

大小2種類の大きさの消しゴムを用意します。大きい消しゴムを握って消すとき、小さい消しゴムをつまんで消すときに、それぞれ上手く消せているか確認します。握っているのか、つまんで消しているのか、持ち方をチェックします。

家でできる　消しゴム
チェックリスト **7** に有効

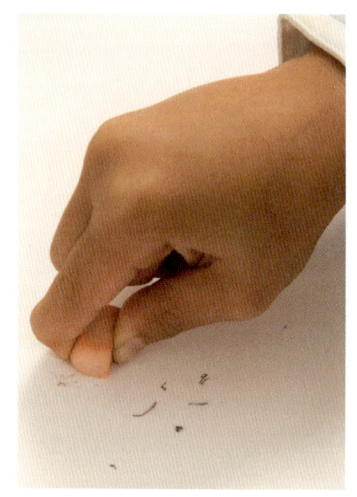

小さい消しゴムでは上手く消せない子には、大きい消しゴムを使用させます。

L字消し ★

紙を押さえる力をやしなう

紙を押さえる手は、親指と人差し指をL字にして、手のひら全体で押さえます。親指と人差し指の間で、消しゴムを動かします。上下に消しゴムを動かすと、紙が破けてしまうので、やや斜めに動かしましょう。

家でできる　消しゴム
チェックリスト **7** に有効

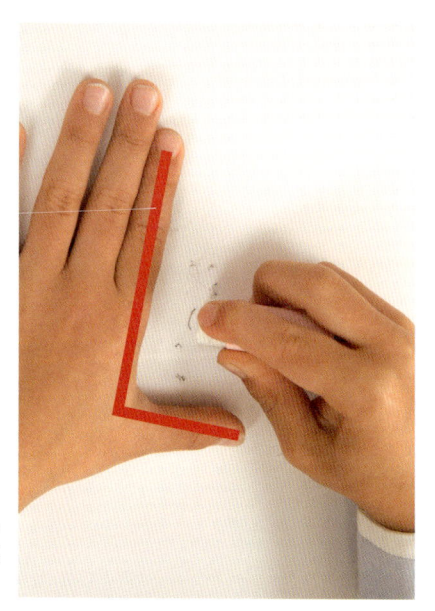

親指を広げ、親指と人差し指でL字のようにして紙を押さえます。

第2章　鉛筆を持つのが苦手

消し遊び ★★

消しゴムで消す力を身につける

ボールペンで、紙に文字や絵をかきます。次に紙を鉛筆で黒く塗り、文字などが見えないようにします。黒くなった紙を消しゴムで消して、文字や絵をあてます。紙を押さえる手がL字になっているか確認しましょう。

家でできる
黒く塗った紙
消しゴム
チェックリスト
[5][7]に有効

ぜんぶ消せたら、どんな絵が隠れているかあててもらいましょう

だ円消し ★★　ワーク1（P23）

一字のみを消す操作を身につける

だ円の中の字を消しゴムで消します。紙を押える手がL字になっているか確認しましょう。利き手に合わせて行いましょう。消しゴムを上下方向に動かすと、紙が破けてしまうので、やや斜めに動かします。

家でできる
チェックリスト
[5][7]に有効

文字の上で消しゴムを動かしているか確認しましょう

過敏対策アラカルト

両手こすり ★

手の触覚過敏を和らげる

手指に触覚過敏のある子は、鉛筆を持つ前に両手をこすり合わせるとよいでしょう。特に親指指紋部は、よくこするようにします。

家でできる
チェックリスト
1 に有効

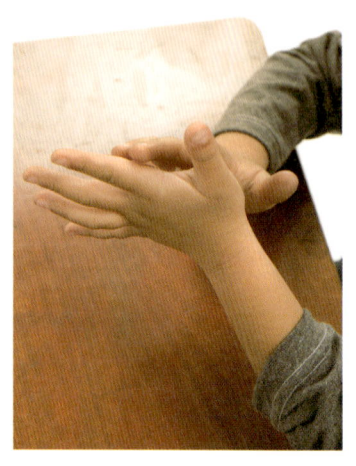

手のひらをこすり合わせます

親指と人差し指で、反対の手の親指をなでます

下から上へ持上げるイメージでこすります

グーこすり ★

手の触覚過敏を和らげる

両手をグーにして太ももの上におきます。手の小指側で、太ももをこすります。同様のやり方で机をこすってもよいです。

家でできる
チェックリスト
1 に有効

太もものつけ根からひざへ向かってグーを動かします

はけ、ハンカチの活用 ★

手の触覚過敏を和らげる

はけを持って、手のひら、手の甲をこすります。触覚の過敏が和らぐので、その後で鉛筆を持って書きはじめます。ハンカチで行ってもよいでしょう。

> **家でできる**
> はけ　ハンカチ
> チェックリスト
> 1 に有効

手のひらと同様に、手の甲もこするとよいでしょう

鉛筆削りアラカルト

グー握り削り ★

鉛筆の削り方を身につける

机と鉛筆を水平方向にして削ります。指先で鉛筆をつまめない場合には、手のひら全体で鉛筆を握って削ります。

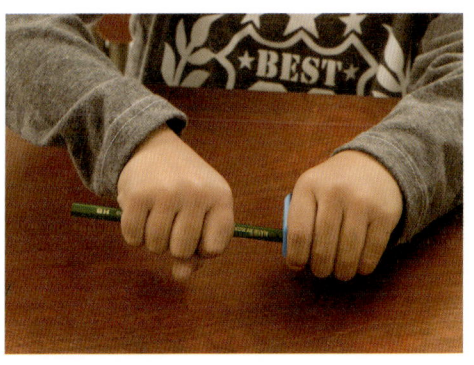

> **家でできる**
> チェックリスト
> 7 に有効

両手首を上下に動かして削ります

鉛筆削り器のチェック ★

鉛筆削り器の操作を身につける

鉛筆削り器の柄に、布を巻きつけて柄を太くします。握りやすくなり、操作しやすくなります。

> **家でできる**
> チェックリスト
> 7 に有効

布を巻けば、柄を握って削れます

巻き遊び ★★

鉛筆削り器の操作を身につける

トイレットペーパーの芯に、セロハンテープでひもをつけます。机の端にトイレットペーパーの芯をおき、片手で押さえます。そして、もう片方の手で、ひもをトイレットペーパーの芯に巻きつけていきます。巻きつけているときに、押さえている手が動いていないか確認しましょう。

> **家でできる**
> トイレットペーパーの芯1つ
> ひも　セロハンテープ
> チェックリスト
> 7 に有効

腕を回して芯にひもを巻きます

左利きアラカルト

手首チェック ★

手首が極度に曲がっていないか確認する

文字を書くとき、手首を強く曲げたり、巻きこんだりしてないか確認します。

家でできる
チェックリスト
10 に有効

手のひらとお腹が向き合うほど、手首が曲がっています

縦線引き ★

手首を起こして書く力をやしなう

手首を起こすようにサポートします。その状態で、見本の縦線をなぞります。状況を見て、自力で書くようにうながします。

家でできる
用紙　鉛筆
チェックリスト
10 に有効

両手で手首をはさむようにして、手首を起こします

4 一斉授業での活用例

活用例1

★ 　家でできる　チェックリスト　1 3 4 5 に有効

授業中に鉛筆の持ち方が気になった時に行います。小学校中学年以上であれば、右のように鉛筆体操を3つ、先生がお手本を示しながら行うとよいでしょう。感覚過敏の子がいる場合は、手をこする動作を最初に行ってから鉛筆体操に入ります。

① **手をこする**（P54参照）
（触覚過敏の子がいるとき）

▼

② **鉛筆コロコロ体操**
（P43参照）

▼

③ **親指コロリン体操**
（P43参照）

▼

④ **しゃくとり虫体操**
（P44参照）

第2章　鉛筆を持つのが苦手

活用例2

★　　家でできる　チェックリスト 1 3 4 5 に有効

授業中に鉛筆の持ち方が気になった時に行います。小学校低学年以下であれば、右のように鉛筆体操のうち比較的簡単なものを2つ、先生がお手本を示しながら行うとよいでしょう。感覚過敏の子がいる場合は、手をこする動作を最初に行ってから鉛筆体操に入ります。

① 手をこする（P54参照）
（触覚過敏の子がいるとき）

▼

② 鉛筆頭たたき体操
（P42参照）

▼

③ 鉛筆クルクル体操
（P42参照）

持つのが苦手な子への サポートのコツ

鉛筆の持ち方が気になるときはまず親指が正しい位置か確認しましょう

鉛筆の持ち方がきになるときはまず、親指が正しい位置にあるかに注目しましょう

COLUMN 理想的な机といすの高さとは?

教師や保護者の方からよく机といすの高さについて質問をされます。あくまでも目安ですが、私は、子どもがいすに座ったときに、ひじ関節と股関節、そして、ひざ関節がほぼ直角になるいすと机の高さが理想と考えています。これは大人にも言えることです。

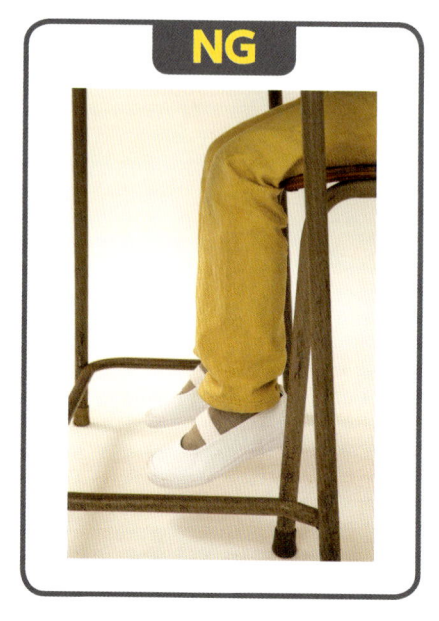

OK / **NG**

足底が床から離れていたり、脚がぶらぶらしたりしている場合は、台などを置いて足底が届くようにした方がよいでしょう。電話帳や新聞などを重ねて、ガムテープでとめれば簡単に作れます。体と机をくっつけすぎると疲れやすくなるので、注意しましょう。

第3章

見るのが苦手

1 苦手チェックリスト

1. 字の大きさや間隔がバラバラ
2. 線の長さがわからない（半分の位置など）
3. マスの位置を間違える
4. 斜めの線が書けない
5. 教科書、プリントの見本を正しく写せない
6. 板書や教科などの文字を探すのに時間がかかる
7. 上手に線をなぞれない
8. 文章を縦書きに書くと、斜めにそれていく
9. 字がだんだん小さくなったり大きくなったりする
10. 紙などのスペースがわからない（紙の半分の位置など）

OK
黒板の文字を両眼でまっすぐ見る

線の上をきれいになぞれる

NG
黒板の文字を斜めに見る

線の上をなぞれない、はみでる

2 動きの解説

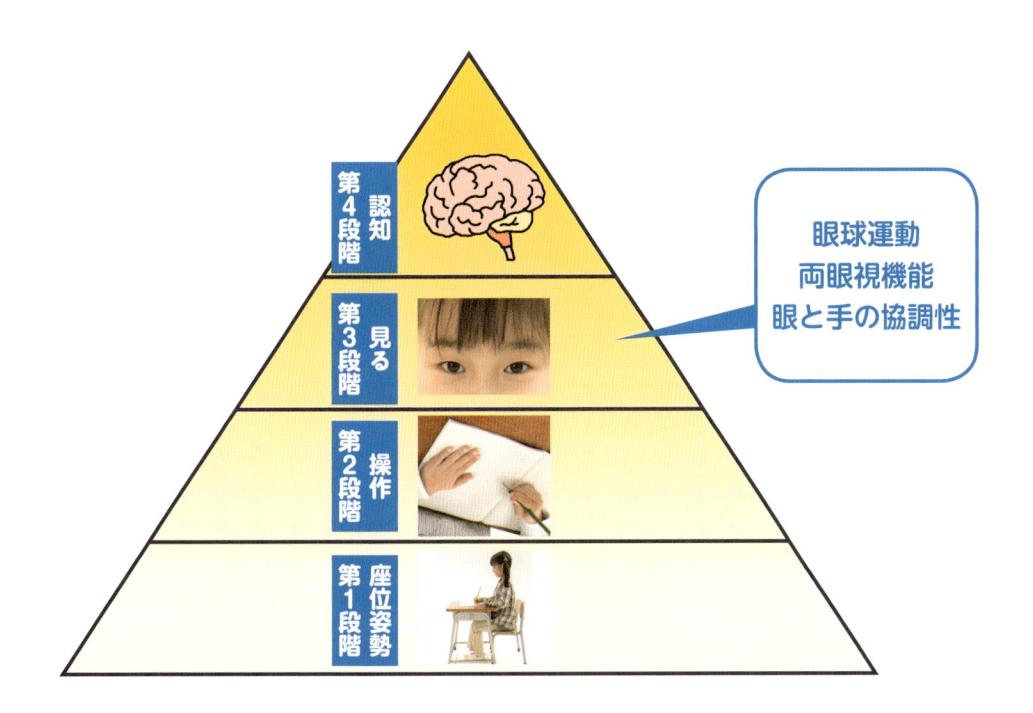

ピラミッド図:
- 第4段階 認知
- 第3段階 見る ← 眼球運動／両眼視機能／眼と手の協調性
- 第2段階 操作
- 第1段階 座位姿勢

書字に影響する眼の動き

第3段階は、見る力です。教科書を見る、黒板や教師を見る、ノートを見るなど、授業中は頭を上下に動かしながら眼を使います。頭の動きに合わせて眼を上手に動かす、目標をとらえることが求められます。見る力が弱いと、すばやく見ることができない、文字や行をとばす、ノートを書くときにマスからはみでる、字体がばらつく、などのことがおこります。そして、他の段階にも次のような影響を及ぼします。第2段階では、書く動作が遅れるなどの指の操作に悪影響を及ぼします。第4段階では、じっくり考えることができず、集中力や意欲の低下につながります。また第1段階では、顔を近づけて見ることから、眼の疲れや全身の疲労をまねき、姿勢の崩れにもつながります。このように、見る力が弱いと、いろいろな面に悪影響を及ぼします。

POINT!!

- 視力の問題だけでないことに注意する
- 頭を動かしながら物を見るには、眼球運動が必要
- 遠くや近くを交互に見るには、両眼視機能が必要

> 視力、眼球の動きに加えて、三半規管のバランス感覚も大切です。詳しくは、次のページで解説します。

知っておきたい知識

① 視力　② 眼球運動　③ 両眼視機能
④ 斜視　⑤ バランス感覚

よくある質問：見られないのは視力の問題？

知識 ①②がワカル！

視力と眼球運動の違い

眼球で対象物を識別する能力を視力とよび、静止視力と動体視力に分かれます。静止視力は静止している物を識別する能力です。動体視力は移動している対象物を追い続けて識別する能力で、眼球を動かすこと（眼球運動）が必要です。

第3章　見るのが苦手

よくある質問　両眼視機能と斜視って何？

知識 ③ ④ が ワカル！

遠くの黒板の文字を見る

近くの机のノート、教科書を見る

両眼視機能と斜視

両眼視機能とは、両眼で見たものを、ひとつの像にまとめる機能のことで、これにより立体的に物を見ることが可能になります。斜視とは、両眼で見ているときに、片眼が違う方向を向いている状態で、無意識のうちに眼を使わなくなり視力の発達の妨げとなります。授業中には、教師の顔や黒板、教科書やノートを交互に見ます。遠くを見たり近くを見たりと、見る距離が頻繁に変わるので、両眼視機能がとても重要になります。

よくある質問　頭を動かしても文字がぶれないのはなぜですか？

知識 ⑤ が ワカル！

眼とバランス感覚の連携

私たちは何かを見ながら頭を左右に動かしても、よほど速くなければ対象物が見えにくくなることはまずありません。これは、眼球の筋肉群の働きに加えて、頭の位置情報を感知する三半規管が絶妙な連携をとって可能になります。書字が効率よくできるためには、バランス感覚の機能も必要なのです。

3 指導アラカルト

振り向いてドン ★

遠近感や素早く見る力をやしなう

2人で、横向きに並びます。大人が「ドン」を声を出したら、向かい合って相手の眼を見続けます。

家でできる
チェックリスト
6 に有効

横並びの状態からはじめます 　　「ドン」の合図で、顔を見合わせます

フラフープ内ジャンプ ★★

距離感をやしなう

子どもがフラフープの中に静止して立ち、大人が輪を目線の高さに持ちあげます。子どもは、輪にぶつからないようにジャンプします。それができたら、回転しながらジャンプしてみましょう。また同様に、ひざの高さでも保ち、ぶつからないようにジャンプします。距離感をとる学習になります。

家でできる
フラフープ
チェックリスト
6 に有効

フラフープを目線の高さにして、ジャンプします 　　フラフープをひざの高さにして、ジャンプします

第3章　見るのが苦手

フラフープレール ★★

距離感をやしなう

フラフープを床において、輪をまたぎます。フラフープが股下にある状態からズレないように、ジャンプで輪を1周します。できたら逆向きにジャンプします。

家でできる
フラフープ
チェックリスト
6 に有効

フラフープをまたいだ状態からはじめます

輪にそってジャンプしながら前進します

1周できたら、反対周りも行いましょう

リング腕通し ★★

距離感をやしなう

子どもと向き合った状態で行います。子どもは両手でリングを持ちます。大人は腕を伸ばし、こぶしを子どものおでこの高さまであげます。その後、リングの輪からこぶしを見るようにうながし、そのままの状態で前進し、リングを腕に通すよう教えます。

家でできる
リング
チェックリスト
5 6 に有効

向かい合った状態からはじめます

リングの輪から大人のこぶしをのぞきます

こぶしをのぞいた状態のまま前進して、リングを腕に通します

リング持っているときの子どもの目線を確認しましょう。輪からこぶしをのぞいていることが大切です

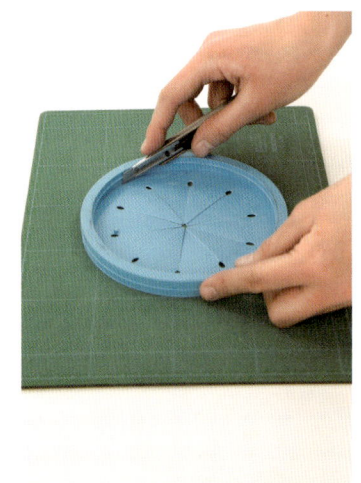

リングの作り方の一例です。ゴム製の排水口のふた（100円ショップなどで購入可能）のゴミ受け部分をカッターでくり抜きます。

第3章　見るのが苦手

寝てパラレル ★★

距離感をやしなう

大人は、ひざ立ちになって両腕を平行にあげましょう。子どもは、大人の腕の間に仰向けに寝ます。

家でできる
チェックリスト
5 6 に有効

向かい合った状態からはじめて、距離を確認します

前へならえをした腕の間に体をおさめるイメージです

NG

前へならえの腕の間から、体がそれないようにしましょう

69

ラインマッチ ★★

距離感をやしなう

床にテープを貼って線を作ります。体育館の床にある線も活用できます。「うつぶせになって、この線の真ん中に体を合わせてごらん」と言います。仰向けの場合は、鏡を見て位置を確認し、ずれていたら修正します。見本をしっかりみせてから行いましょう。

家でできる
体育館でできる
床にライン　鏡
チェックリスト
5 6 に有効

うつぶせの状態で、ラインを体の中心に合わせます

仰向けの状態で、ラインを体の中心に合わせます

鏡を見ながら体の向きを調整します

ライン見 ★★

距離感と眼と手の協調性をやしなう

ラインと垂直になるよう、仰向けになります。ラインを探して、見つけたら指でラインをなぞります。左右両方行います。うつぶせの状態でも行いましょう。

家でできる
体育館でできる
床にライン
チェックリスト
5 6 に有効

肩の位置とラインを合わせて、ラインを眼で探します

ラインを眼で確認できたら、指でなぞります

うつぶせの状態でも同様に行います

腰とラインが直角に交わるよう、仰向けに寝ます

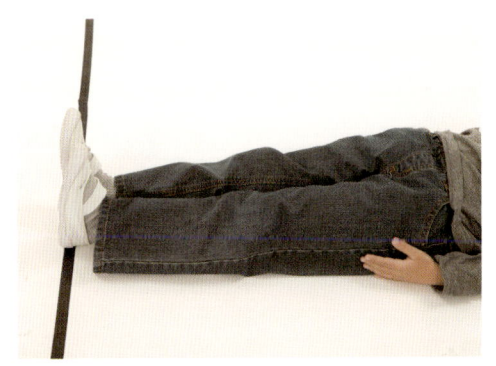

かかとが線と重なっているか、頭と腰、脚が直線になっているかを確認します

中心ボール突き ★★

距離感をやしない、体の中心を覚える

大人と子どもが、2〜3m離れて向かい合った状態で行います。大人はボールを転がします。子どもは両手を合わせて、転がってきたボールを体の中心で受け止めます。距離感を測る練習になります。

家でできる
ボール
チェックリスト ③ ⑧ に有効

向かい合った状態で、ボールを子どものほうへ転がします

合わせた両手の指先で、ボールを止めます。体の中心でボールを受け止めているか確認しましょう

NG

体の中心からそれた位置でボールを受け止めるのは間違いです

第3章　見るのが苦手

両手合掌歩き ★

距離感をやしない、体の中心を覚える

互いに合掌した状態で向き合います。大人は後ろにさがりながら歩き、子どもは、大人の手を自分の手でおいかけるようにして歩きます。

家でできる
床にライン
チェックリスト
3 8 に有効

合掌した手を合わせて、向かい合った状態からはじめます

大人は後進し、子どもがそれをおいかけます

指タッチ ★★★

距離感をやしない、眼と手の協調性をやしなう

机をはさんで、向かい合った状態で行います。子どもはいすに座ります。チラシなどで作った棒を使います（P47 参照）。大人は、指を広げて子どもに「親指をタッチして」、「小指と薬指の間に、タッチして」など指示をだして、棒で指タッチすることをうながします。

家でできる
棒で作ったチラシ
椅子　机
チェックリスト
3 8 に有効

左の写真は、各指をタッチしています

右の写真は、各指の間をタッチしています

73

手三角 ★★ ワーク1（P23）

距離感をやしない、斜め線を理解する。

両手で三角形を作ります。三角形が書かれた紙を用意して、手で作った三角を紙上の三角形に重ねます。

家でできる
チェックリスト
4 に有効

眼で三角形をとらえているか確認します

地球儀タッチ ★★

動くものをとらえる力と眼と手の協調性をやしなう

地球儀を回して、「日本を指でタッチして」などと問題をだします。時間を計るのもよいでしょう。慣れてきたらもっと顔を地球儀に近づけて、タッチするようにします。

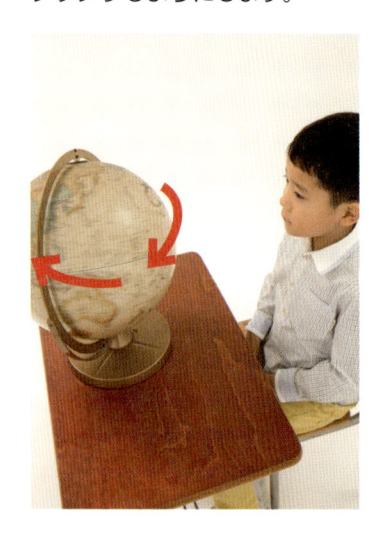

家でできる
地球儀
チェックリスト
5 6 に有効

地球儀を回して、眼で日本を探します。見つけたら、指でタッチします

第3章　見るのが苦手

辞書開き ★★

距離感をやしなう

辞書を両手で持ちます。最初は、真ん中のページを開くことからはじめます。慣れてきたら、「『さ』の場所はどこかな？ あけてみよう」など難易度をあげます。一緒に確認しながら行いましょう。

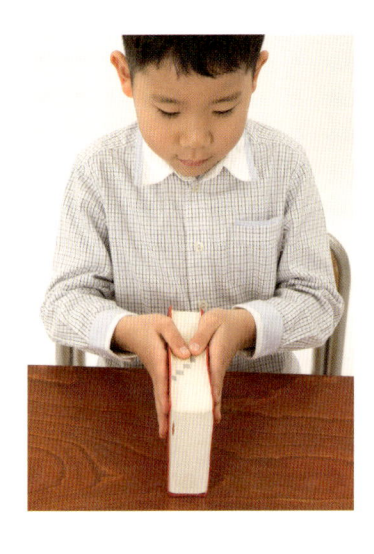

家でできる
国語辞書など厚い本
チェックリスト
5 6 に有効

両手ではさむように辞書を持って、親指でページを開きます

それなあに？ ★★

距離感をやしなう

大人が、壁の時計など室内の物を指で指し示し、「あれ、なんだ？」と問題をだします。物を見ている大人の目線を、子どもがおうようにうながすことがポイントです。

家でできる
チェックリスト
7 10 に有効

最初は顔を見合わせた状態です

「なんだ？」の合図で大人と同じ視線をおうようにうながします

新聞紙探し/チラシ探し ★★

素早く見る力や注意力をやしなう

新聞紙またはチラシを用意します。その紙面に「数字の『5』がいくつあるか探しましょう」と問題をだし、5に○をつけさせます。

> 家でできる
> 新聞紙 チラシ
> チェックリスト
> 5 6 に有効

特定の文字や数字を探す問題をだします

見つけたら、ペンでまるをします

ビッグエイト ★★

眼と手の協調性をやしなう

まず大人が、大きな8の字を書きます。子どもは、その線をなぞります。手が浮いたり、速く雑になったりしないように、ゆっくりと同じスピードで書きます。体幹、腕を協調して動かす練習になります。

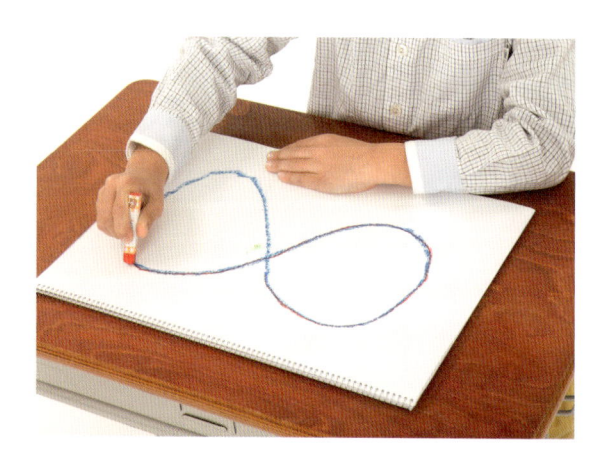

> 家でできる
> クレヨン 画用紙
> チェックリスト
> 7 に有効

線のなぞり方となぞる速度を確認しましょう

第3章　見るのが苦手

線延長 ★★★ ワーク1（P27）

距離感をやしなう

短い線をなぞった後、さらに延長線をまっすぐに描きます。線が描けたら、まっすぐかどうか定規で確認しましょう。

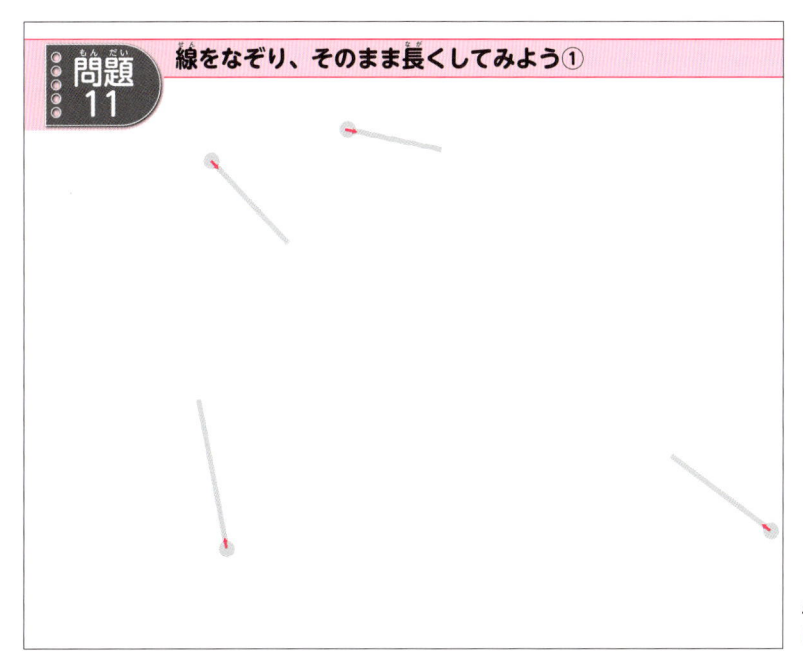

チラシ　新聞紙
チェックリスト
7 10 に有効

問題11 線をなぞり、そのまま長くしてみよう①

点の場所から書きはじめます

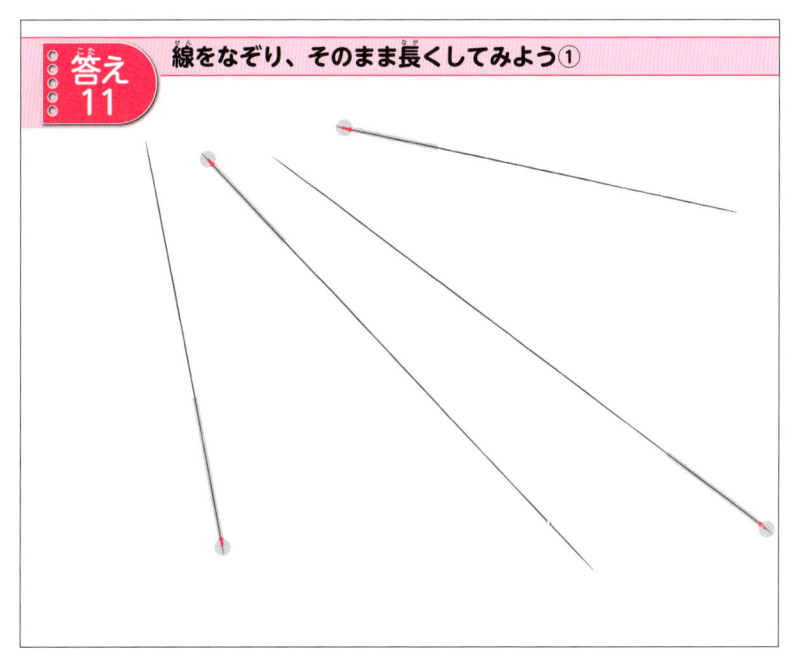

答え11 線をなぞり、そのまま長くしてみよう①

できるだけまっすぐな線をひきます

線合点 ★★ ワーク1 (P31)

距離感をやしなう

2本の線の延長線をまっすぐに描き、交わったところに点を描きます。描けたら、定規で確認しましょう。

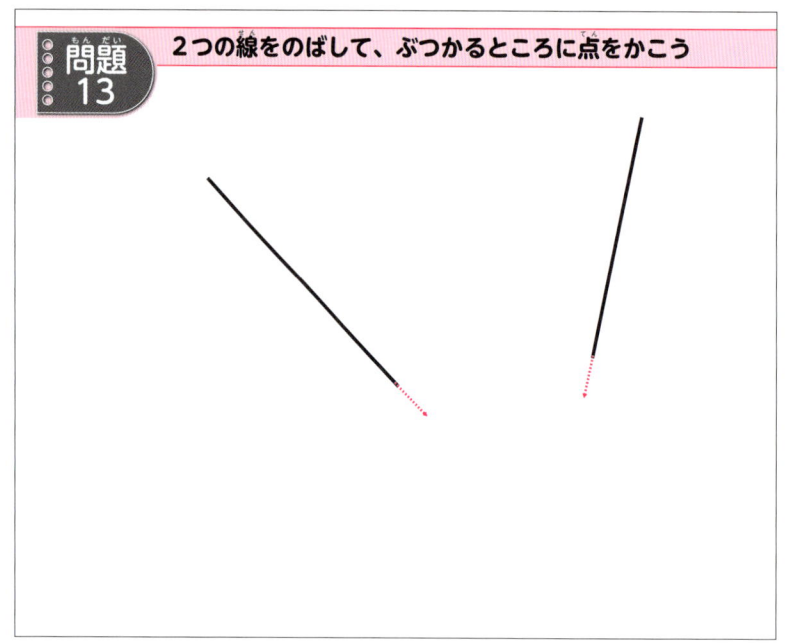

鉛筆　定規
チェックリスト
8 10 に有効

問題 13　2つの線をのばして、ぶつかるところに点をかこう

問題に書かれた線の延長を描きます

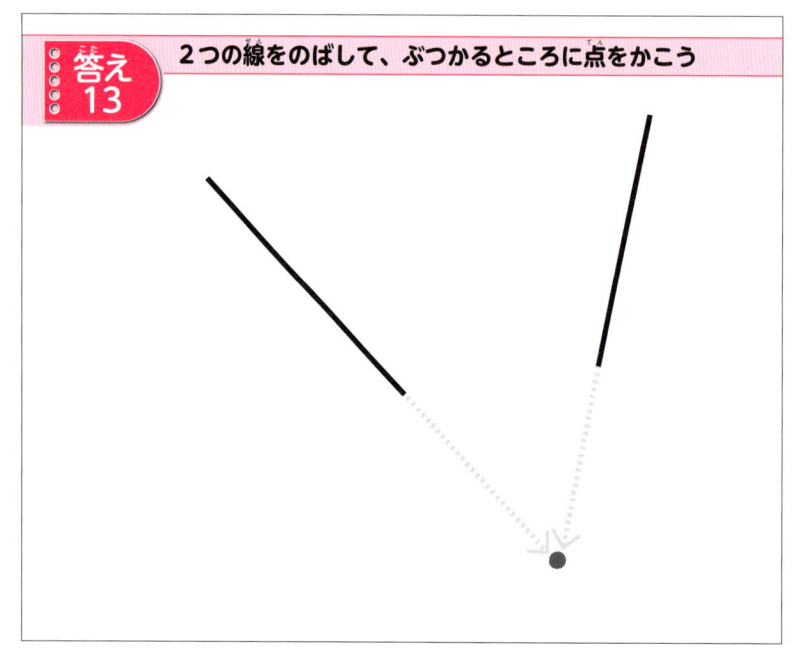

答え 13　2つの線をのばして、ぶつかるところに点をかこう

2本の線が交わるところに点を描きます

78

第3章　見るのが苦手

半分にしよう ★★ ワーク1（P33）

距離感や注意力をやしない、線の長さを理解する

まず、目視で線が何本あるか数えます。次に、各線の中心に印をつけて半分にします。定規で左右の長さを測って確認してみましょう。

鉛筆
チェックリスト
２ ６ に有効

問題14　線のまんなかに、しるしをかこう①

まず線が何本あるか数えます

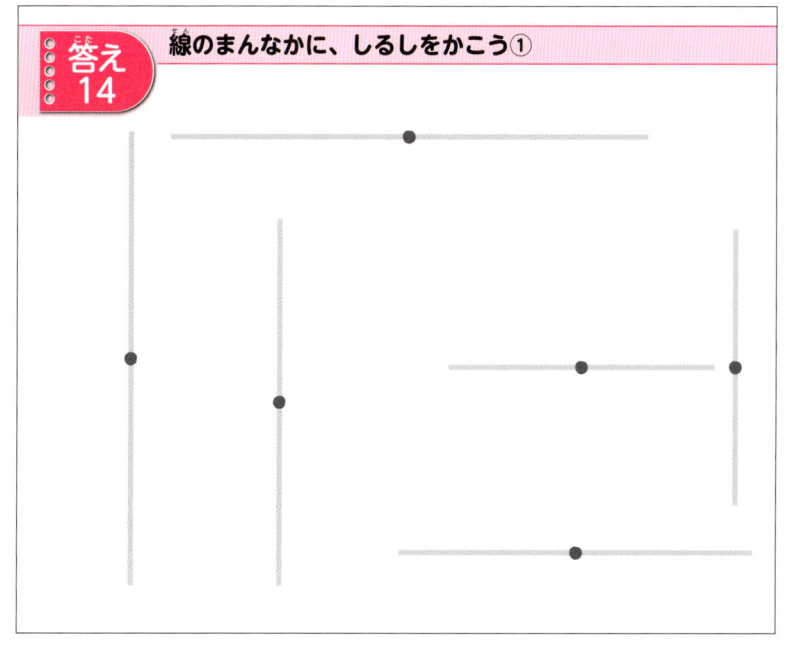

答え14　線のまんなかに、しるしをかこう①

各線の中心に印をつけます

79

数字追い ★★ ワーク1 (P39)

素早く見る力や注意力をやしなう

ランダムに書かれている数字を見て、1から順番に線でつなぎます。終わったら、見落としがないか確認します。紙面の空間を探したり、目と手の協調性を高めたりする練習になります。

鉛筆
チェックリスト
6 に有効

問題17 1から10まで、じゅん番に線でむすぼう

数字の順に線をひいていきます

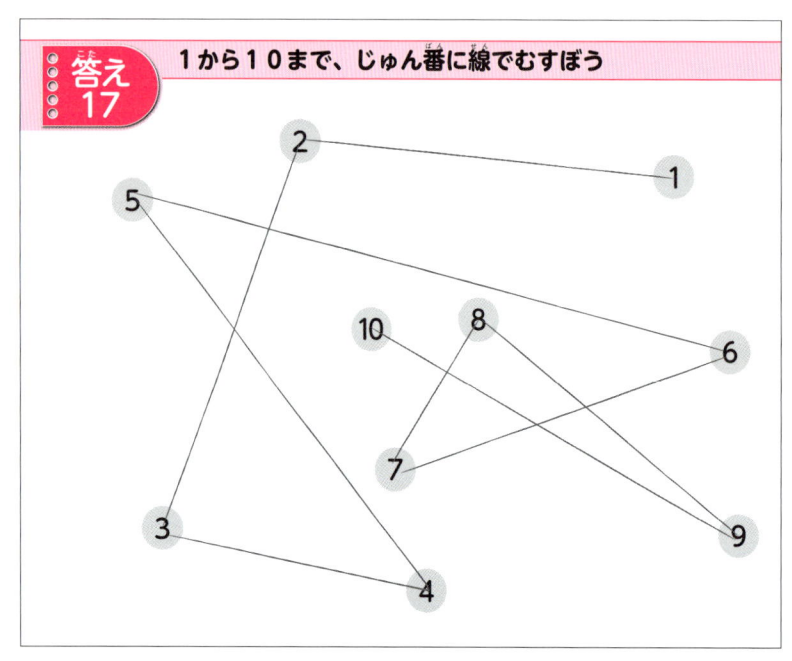

答え17 1から10まで、じゅん番に線でむすぼう

数字の順番や、数字もれがないか確認します

第3章　見るのが苦手

正方形をかこう ★★ ワーク1（P45）

距離感や注意力をやしない、線の長さを理解する

さまざまな大きさの正方形を描きます。長方形にならないよう注意します。折り紙や定規など角を使って直角になっているか確認しましょう。マスの中に字を書くときの理解につながります。

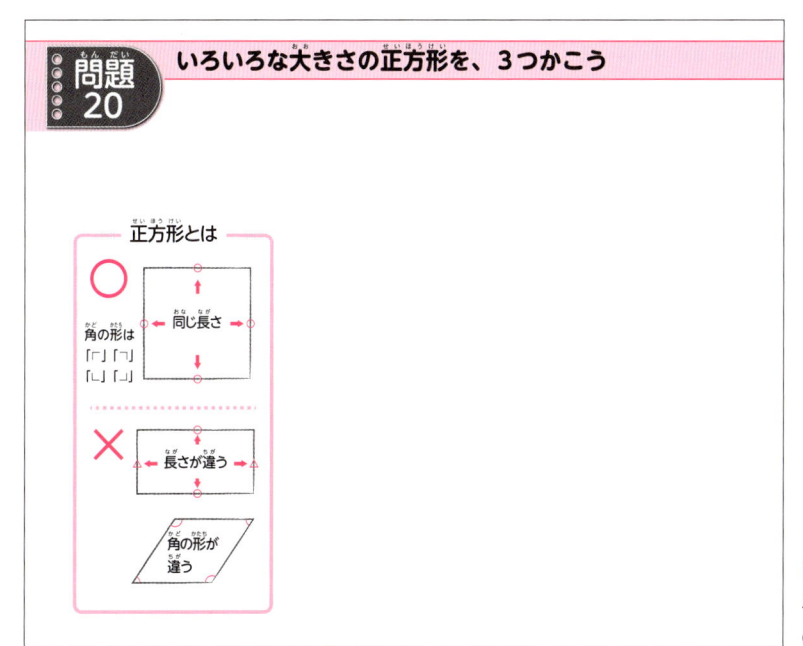

鉛筆
チェックリスト
2 3 10 に有効

問題20　いろいろな大きさの正方形を、3つかこう

正方形とは

○　同じ長さ
角の形は
「⌐」「¬」
「⌐」「¬」

×　長さが違う

角の形が違う

白紙の状態に、大中小さまざまな大きさの正方形を描きます

答え20　いろいろな大きさの正方形を、3つかこう

（例）

正方形になっているか、角は直角になっているかを確認しましょう

81

正方形をつくろう ★★ ワーク1（P47）

距離感や注意力をやしない、線の長さを理解する

さまざまな長さの直線から、正方形を描きます。長方形にならないように注意しましょう。

鉛筆
チェックリスト
2 に有効

問題21 線を足して、正方形にしよう①

紙上の各線と同じ長さになるように、辺を3本加えます

答え21 線を足して、正方形にしよう①

正方形になっているか、角は直角になっているかを確認しましょう

第3章　見るのが苦手

角と角をむすぼう ★★ ワーク1（P51）

距離感や注意力をやしない、斜め線を理解する
正方形に対角線をひきます。斜め線の理解につながります。

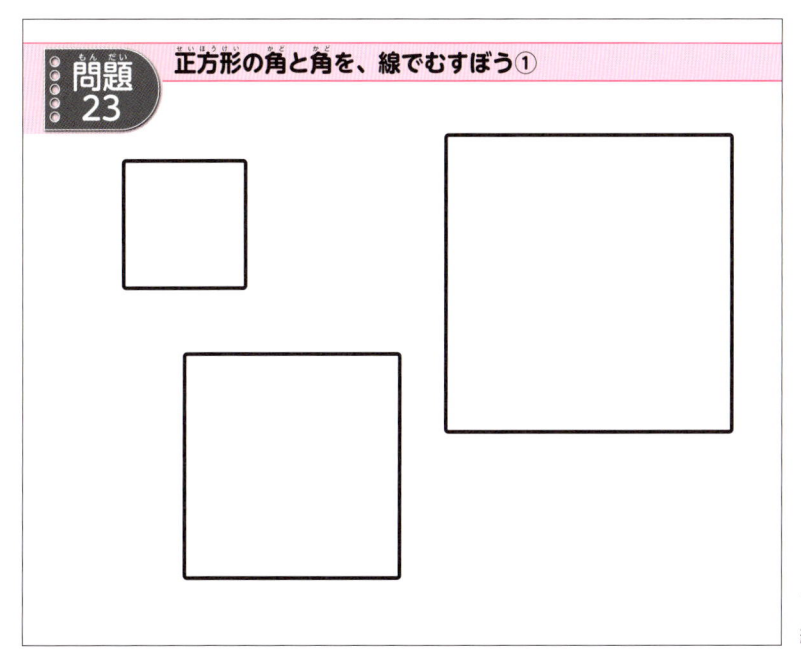

鉛筆
チェックリスト
6 に有効

問題23 正方形の角と角を、線でむすぼう①

できるだけ真っすぐ
線をひきます

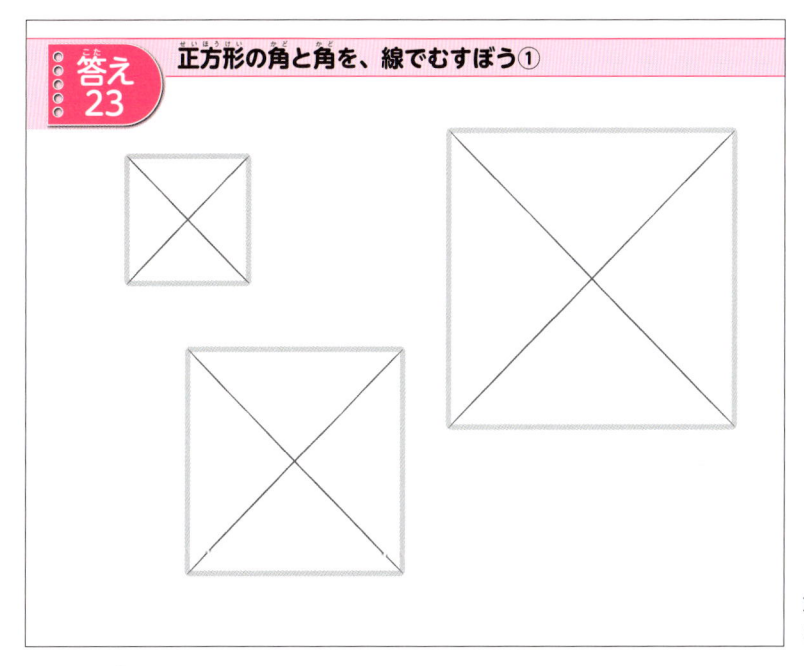

答え23 正方形の角と角を、線でむすぼう①

角と角をつないでい
るか確認しましょう

83

だ円を半分　★★　ワーク1（P55）

だ円の感覚をやしない、まるみのある文字や数字を書くことにつなげる

だ円形をたて半分にする線をひきます。「０・６・９」などの数字や「つ・め・ゆ」などの文字を書く練習になります。

鉛筆
チェックリスト
6 に有効

問題25　丸が半分になるように、線をかこう①

眼で線をひく位置を確認します

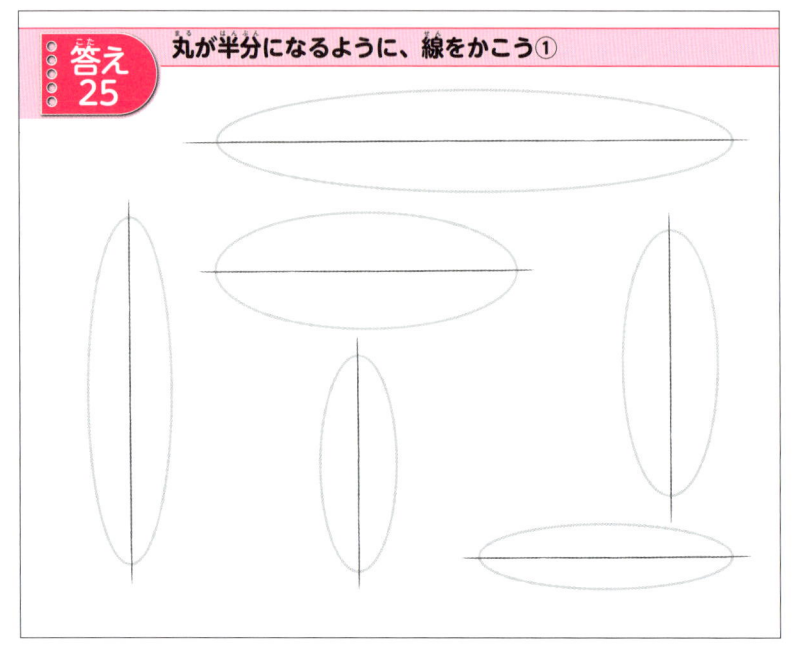

答え25　丸が半分になるように、線をかこう①

まっすぐ半分の位置でひけているか確認します

84

第3章　見るのが苦手

だ円に点 ★★ ワーク1（P59）

だ円の感覚をやしない、まるみのある文字や数字を書くことにつなげる

点を描くことで、「だ円半分」よりさらに丸のはしとはしを意識できるようになります。

鉛筆
チェックリスト
1 2 3 に有効

問題27　丸のはしに、しるしを2つかこう

眼で点を描く位置を
確認します

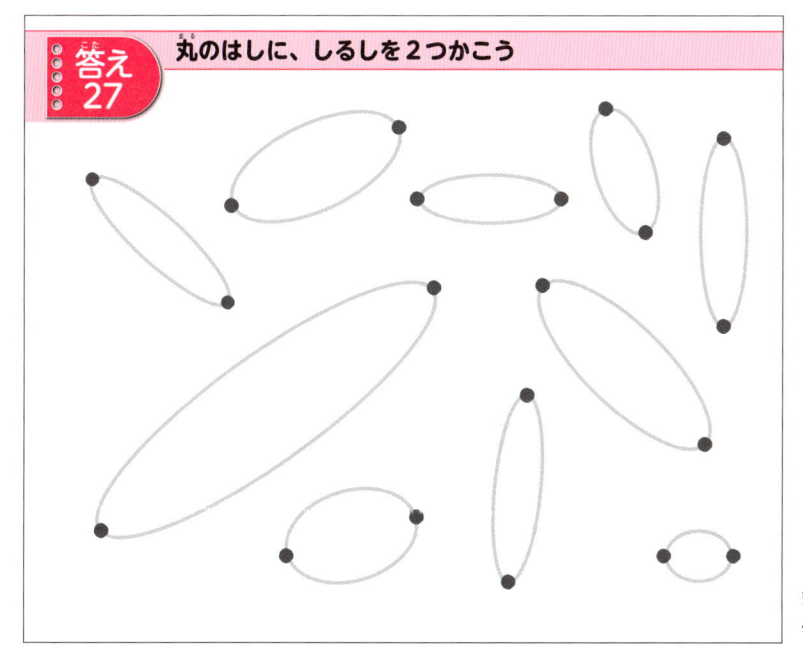

答え27　丸のはしに、しるしを2つかこう

まんなかに点を描け
ているか確認します

85

「＋」をかこう ★★ ワーク1（P67）

距離感や注意力をやしない、線の長さを理解する。

線の長さが同じで、なおかつ直角になるように、「＋」を書きます。さまざまな方向で書きます。線の長さ（半分）の理解や紙面全体を見る力につながります。

鉛筆
チェックリスト
1 2 3 に有効

問題 31 同じ長さの線をかいて「＋」にしよう①

各線と垂直に同じ長さの線をひくことが必要です

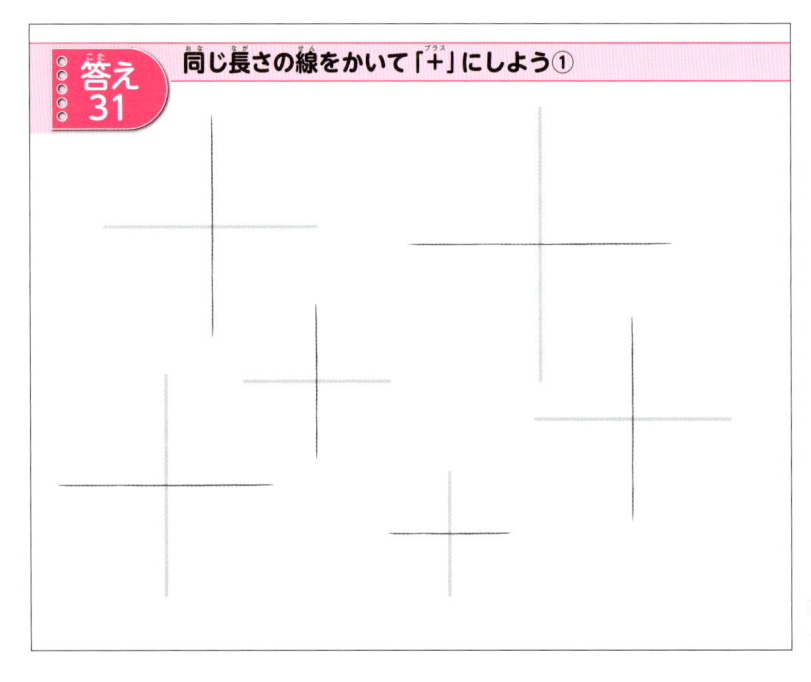

答え 31 同じ長さの線をかいて「＋」にしよう①

線の長さと角度を確認しましょう

86

第3章　見るのが苦手

□のなかに「＋」をかこう ★★ ワーク1（P71）

距離感や注意力をやしなう

正方形に半分線を入れて、正方形を4つに分けます。漢字の「田」になるようなイメージです。

鉛筆
チェックリスト
1 2 3 9 に有効

問題33　正方形のなかに、「＋」の線をかこう①

各辺の半分の位置から線をひきます

答え33　正方形のなかに、「＋」の線をかこう①

線の長さと角度を確認しましょう

87

続きをかこう ★★★ ワーク1（P75）

距離感をやしなう

○の間隔が同じになるように、下の線まで続きを描きます。間隔が均等になっているか確認します。

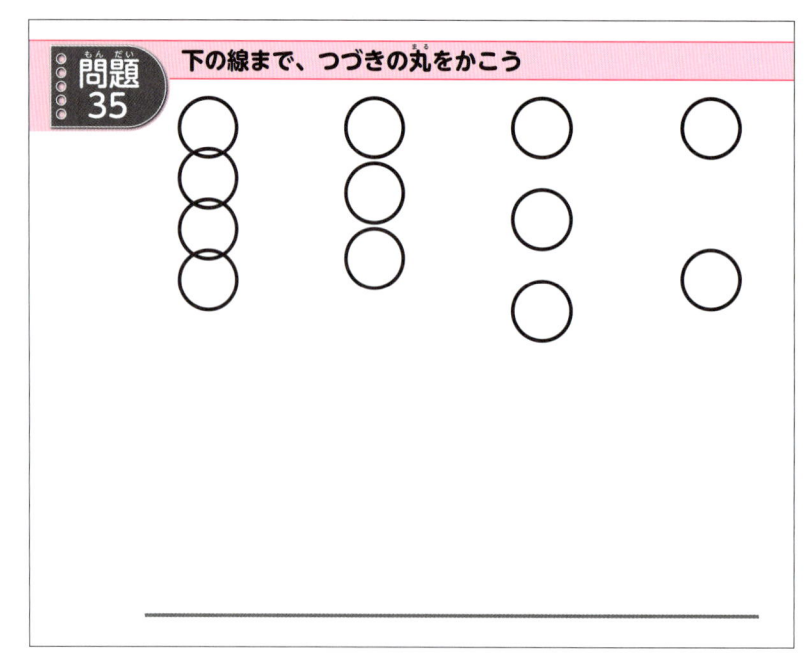

鉛筆
チェックリスト
1 8 9 10 に有効

問題35　下の線まで、つづきの丸をかこう

それぞれの間隔に合わせて、線までまるを書きます

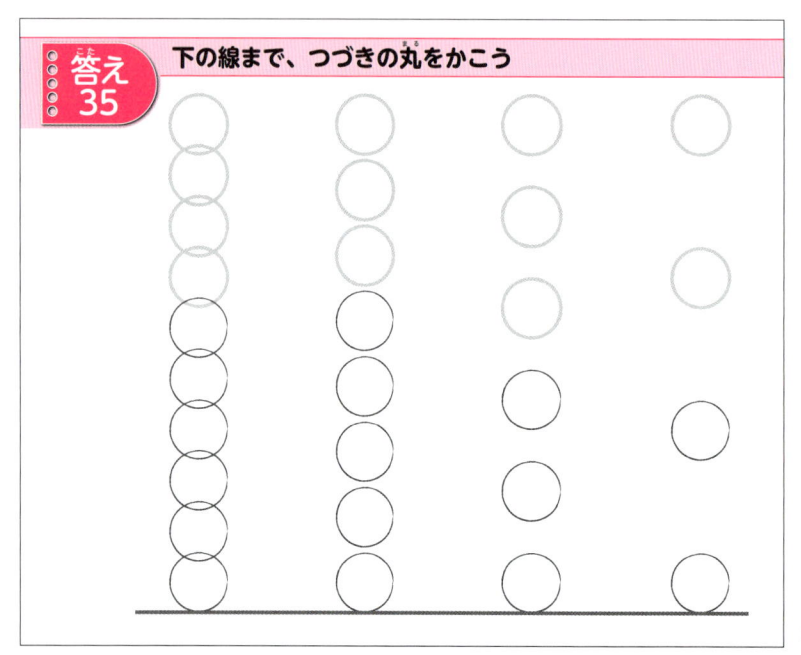

答え35　下の線まで、つづきの丸をかこう

間隔が均等になっているか、定規などで確認しましょう

第3章　見るのが苦手

半分はどこだ　★★　ワーク1 (P77)

距離感をやしない、線の長さを理解する

用紙の半分になるところを目視し、縦線を描きます。できたら用紙を半分に折ります。折り目を赤色鉛筆でなぞり、ずれを確認します。線の長さ（半分）の理解や紙面全体を見ることにつながります。

鉛筆　赤鉛筆
チェックリスト
1 2 10 に有効

問題36　赤い四角のまんなかに、線をかこう①

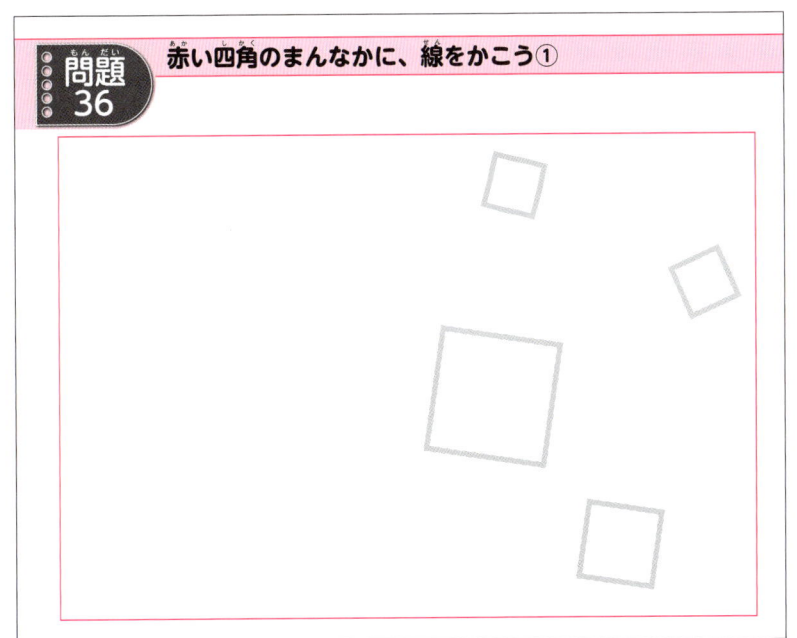

紙全体を見て、中心の見当をつけます

答え36　赤い四角のまんなかに、線をかこう①

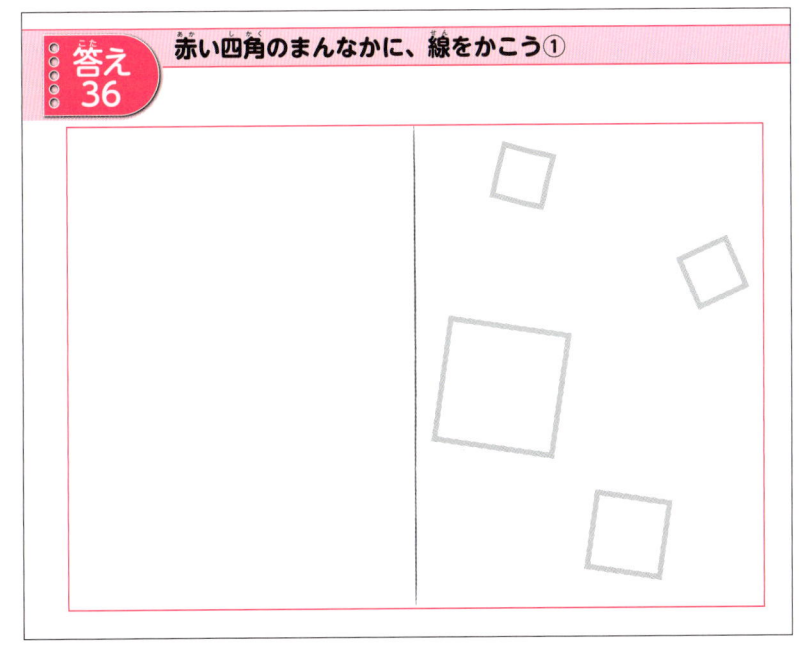

中心だと思うところに線をひいたら、紙を半分に折ります。目視でひいた線との差を確認します

89

順番に並べよう ★★ ワーク1 (P81)

位置を覚える

並んでいる図形の順番を確認します。矢印の間に、同じ順番で図形を書きます。図形の位置を確認し、列に並べることを学びます。

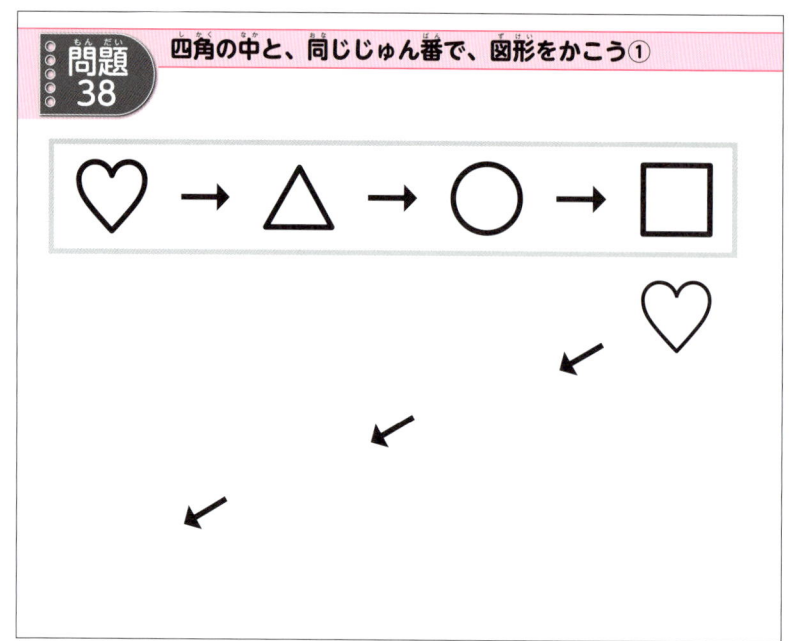

鉛筆
チェックリスト
4 5 に有効

問題38　四角の中と、同じじゅん番で、図形をかこう①

図形の並び順を確認します

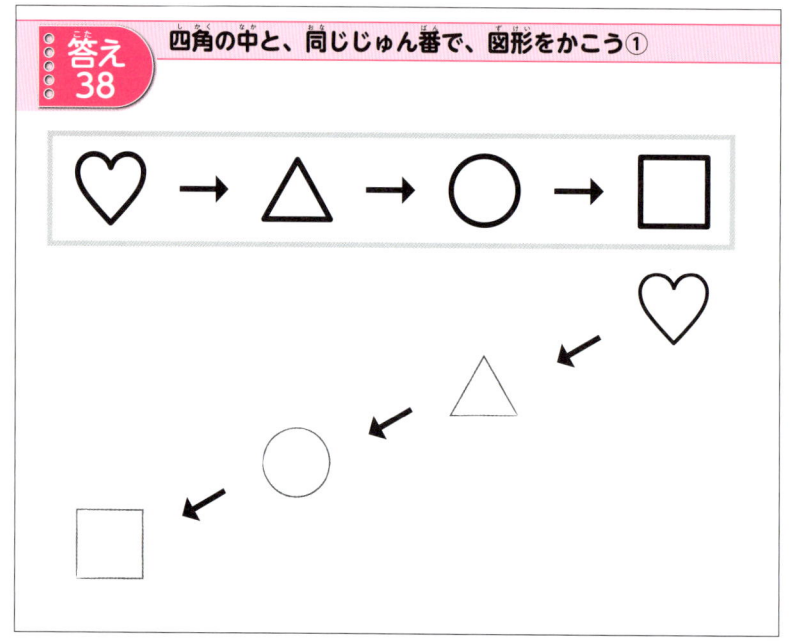

答え38　四角の中と、同じじゅん番で、図形をかこう①

順番にそって、同じ図形を矢印の間に書き入れます

第3章　見るのが苦手

コインを並べよう！ ★★

距離感をやしなう

コインとコインの間隔が均等になるように、白紙の用紙に並べていきます。紙面全体を見ることにつながります。

白紙用紙
コイン
チェックリスト
10 に有効

コインを4つ並べたときの例です

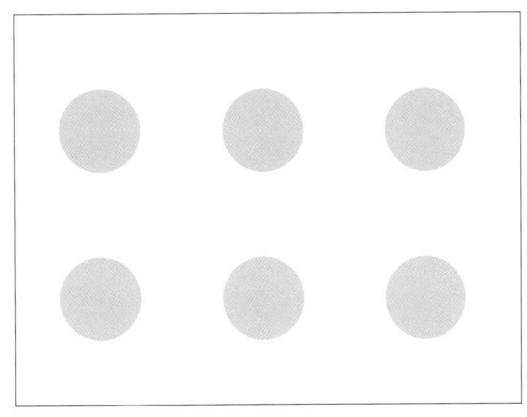

コインを6つ並べたときの例です

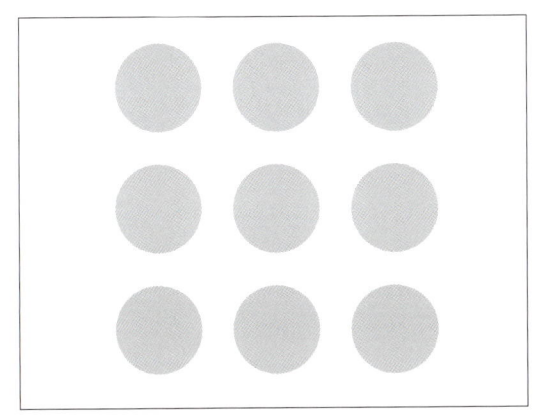

コインを9つ並べたときの例です

見るのが苦手な子への サポートのコツ

プリント学習と運動を組み合わせ、見る力をつけましょう！

座ってのプリント学習（机上学習）だけでなく、運動を取り入れながら、遠近感、素早く探すことを身につけていきましょう。

COLUMN 書字に必要な感覚

　感覚という言葉からは、通常、視覚、聴覚、味覚、嗅覚、触覚という、いわゆる五感を連想する人が多いと思います。私たちの体の中には、こうした感覚をキャッチする感覚器が多く存在します。

　具体的には、視覚は目という感覚器でキャッチします。聴覚は耳、嗅覚は鼻、味覚は舌でキャッチします。触覚は物などが皮膚に触れたかどうかを感知する感覚であり皮膚の表面に感覚器が存在します。

　その他にも、固有受容覚、前庭覚という感覚があります。固有受容覚は、筋肉・関節の中に感覚器が存在し、関節の動き、力の加減を感知します。前庭覚は、耳の鼓膜の奥に感覚器（三半規管）が存在し、体の傾き、スピードの変化を感知する感覚です。触覚、固有受容覚、前庭覚は特に動きや行動に大きな影響を与えます。

　書字にもこうした感覚が大きな役割を担っています。動きだけを見るのではなく、体に入ってくる感覚にも目を向けましょう。

■ 書字に必要な感覚器官

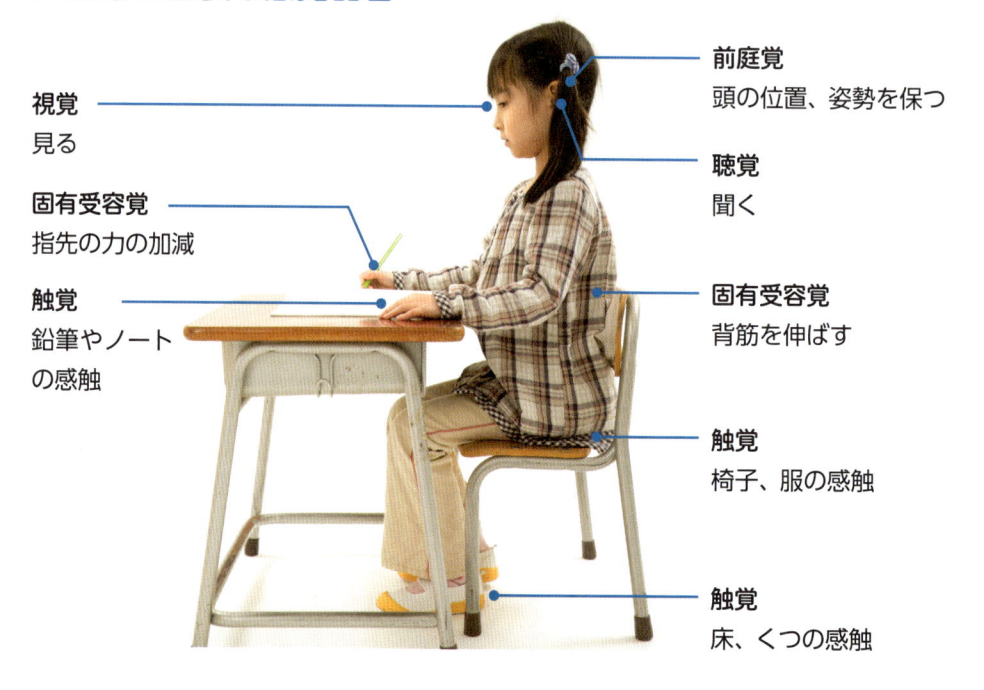

視覚 見る

固有受容覚 指先の力の加減

触覚 鉛筆やノートの感触

前庭覚 頭の位置、姿勢を保つ

聴覚 聞く

固有受容覚 背筋を伸ばす

触覚 椅子、服の感触

触覚 床、くつの感触

第4章

認知（脳機能）の問題

1 苦手チェックリスト

1. 書き順を間違える
2. 「トメ」「ハネ」「ハライ」が上手に書けない
3. ひらがなの「ん」「を」「な」などが上手に書けない
4. カタカナの「ツ」「シ」「ミ」などが上手に書けない
5. 数字の「5」「6」「8」などが上手に書けない
6. 漢字のつくりの構成理解が苦手である
7. 字がマスからはみでる
8. 紙面と文字、行などとのバランスが悪い
9. 名前を枠のスペースにあわせて上手に書けない
10. 左利き：「トメ」「ハネ」「ハライ」が上手に書けない

OK

マスの中にバランスよく書けています

書き順を理解している

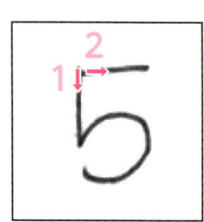

NG

字がマスからはみでる

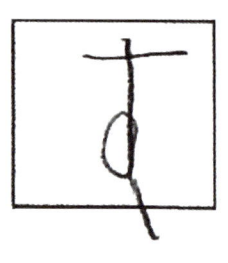

「ん」の線の向きがうまく捉えられない

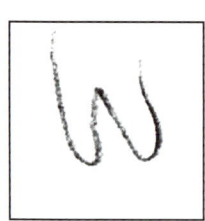

2　動きの解説

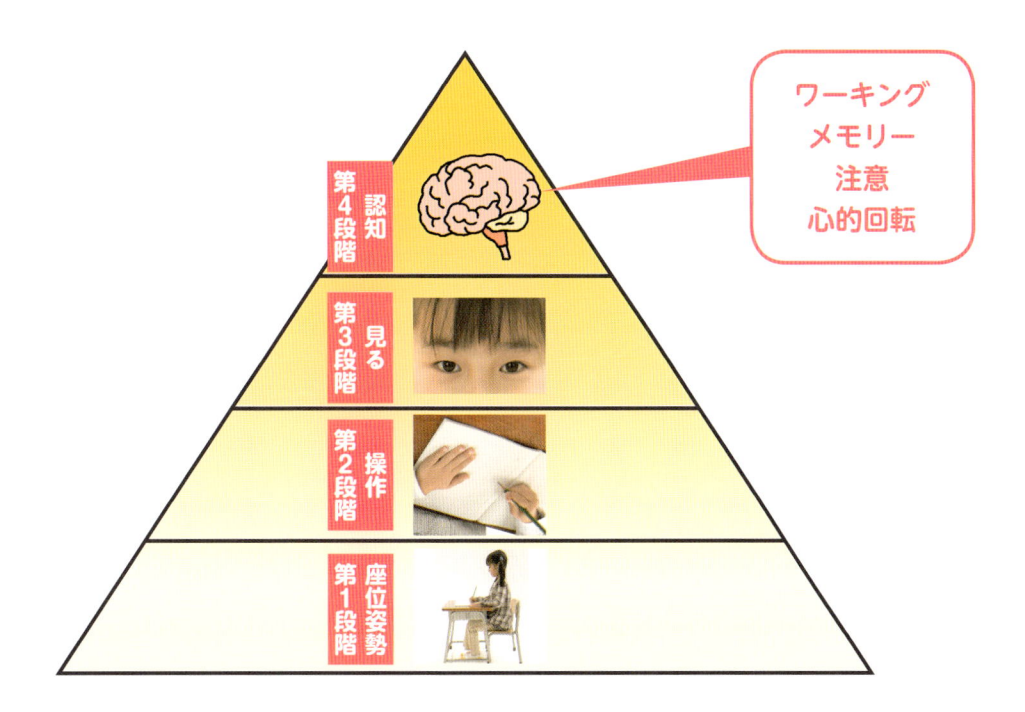

（ピラミッド図）
- 第4段階　認知 — ワーキングメモリー、注意、心的回転
- 第3段階　見る
- 第2段階　操作
- 第1段階　座位姿勢

書字の司令塔

第4段階は、認知です。文字の形を捉える、注意をむける、先生の話を聞き理解する、書き順を覚える、書きたいという意欲をもつなど、この第4段階は、書字の司令塔の役割を果たします。

第4段階の力が弱いと、字の形をうまく把握できなかったり、書き順を覚えられなかったりします。第3段階の見る力と密接に関連しており第4段階の問題は見る力の問題に直結します。また、第2段階には、鉛筆の持ち方や書き順を間違えたりなどの影響をおよぼします。第1段階には、作業に必要以上の時間を要することから全身の疲労感をまねき、姿勢の崩れにもつながります。このように、認知が弱いと、いろいろな面に悪影響を及ぼします。

POINT!!

- 書字には認知（脳機能）がさまざまな形で関連している
- 書き順を覚えるにはワーキングメモリが重要
- 黒板の文字をノートに写すには注意力が重要

▶ 認知力をのばす方法もさまざまです。次のページで詳しく解説します。

> **知っておきたい知識**
> ① 注意　② ワーキングメモリ
> ③ 心的回転（メンタルローテーション）　④ ゲシュタルト

よくある質問 注意力がないとはどういうこと？
知識①がワカル！

抽象的で説明しにくい言葉ですが、注意には以下のような要素があります。矢印のあとにはその要素が弱いと起こることを書きました。

> ❶ 持続性：ひとつのことを集中して続ける ➡ すぐ飽きる
> ❷ 転動性：あることから、別のことに意識を移す
> 　➡ 周りのことに気が散る。話しかけても、すぐに聞くことができない。切り替えに時間がかかる
> ❸ 選択性：周りの多くの刺激から、ある刺激を引き出す
> 　➡ 黒板に書かれた複数の文字の中から、ある文字を見つけるのに時間がかかる
> ❹ 配分性：複数のことへ同時に意識を向ける
> 　➡ アドバイスを聞きながら、上手に字を書くことができない。紙のスペースを見て、文字の大きさや位置を決めて書けない

4つの要素から観察すれば、どの機能が落ちているのか、どれを伸ばせばよいのかが見えてきます。書字には、すべての要素が必要となります。

よくある質問 言ったことをすぐ忘れるのはなぜ？
知識②がワカル！

ワーキングメモリが不足していることが考えられます。ワーキングメモリとは、日常生活で時間内に食べたり、会話したり、学習場面ではあることを記憶したり、その記憶を引き出したりなど、行為をするときに必要な記憶です。単純で、機械的な記憶とは異なります。書き順を覚えるなど書字の学習においても、ワーキングメモリはフル活用しなければなりません。

第4章　認知（脳機能）の問題

字の形を認識するには どのような力が必要でしょうか？

よくある質問

知識 ③ ④ が ワカル！

心的回転（メンタルローテーション）とは？

図1のように字が90度回転しても「学」とわかるには、二次元・三次元の物体を、動かさず、頭の中でイメージして回転させ判断する能力が必要です。これを心的回転と言います。文字の読み書きに、この能力が大きく関係します。

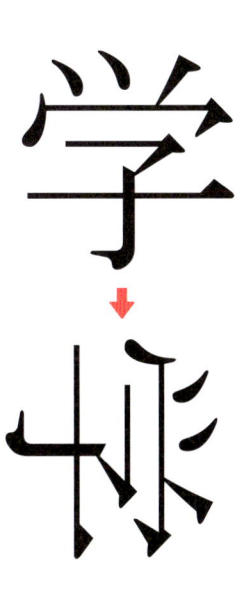

図1

ゲシュタルトとは？

図2を見た時に、太字や点線が混ざっていても大体の人はカタカナの「サ」だと判断できます。また図3は、「成」の点がだ円になっていますが、「成」という漢字だと理解できます。部分の要素からなる全体の構造をゲシュタルト（Ges talt）と言います。文字学習には、点やはらいなどの部分の線だけでなく、全体の形態を読みとる力も大切です。

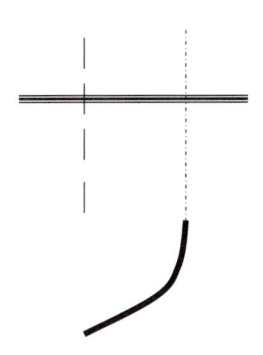

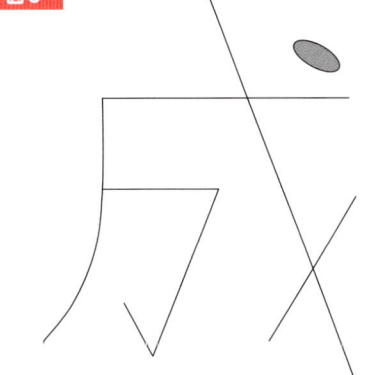

図2

図3

3 指導アラカルト

人に中心軸をかこう ★★ ワーク1 (P87)

左右の概念、部首など位置の認知をやしなう

プリント上の人に、中心軸の線を描きます。左右対称で、まっすぐ線を書けているか確認します。できたら、手や脚、指をさして、左右を確認させます。

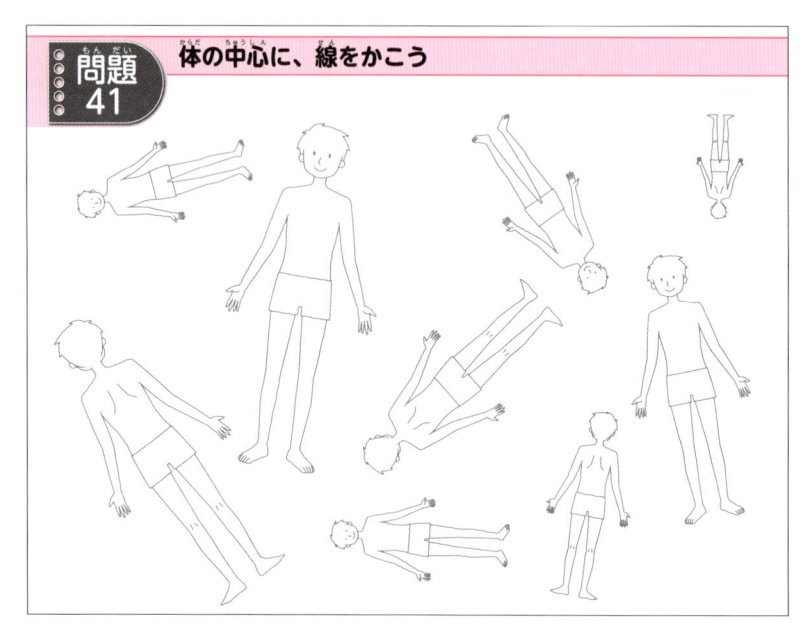

鉛筆
チェックリスト
[7] に有効

問題 41 体の中心に、線をかこう

まず人物の中心に、まっすぐ線をひきます

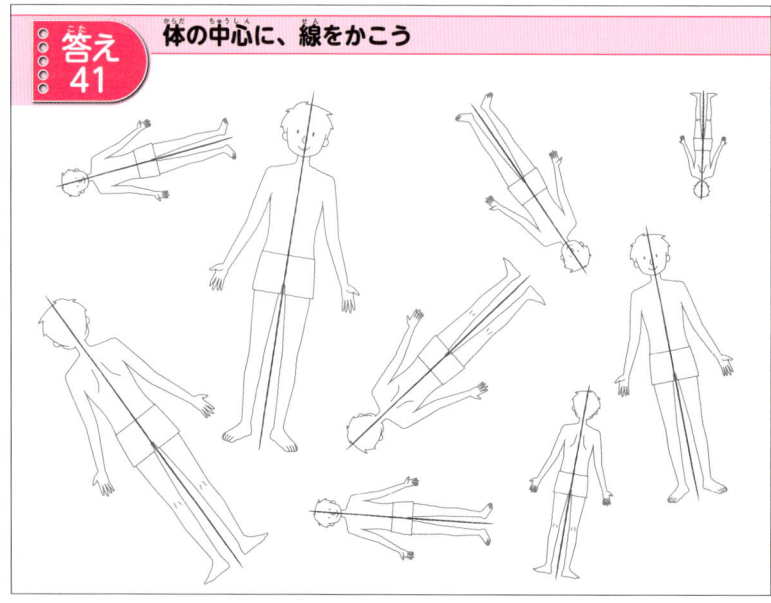

答え 41 体の中心に、線をかこう

手や脚を指さして、左右の対称を確認します

第4章 認知（脳機能）の問題

字かこみ（ひらがな、カタカナ、数字）

★　ワーク1（P89）

マスの中に字をきちんと書く力を身につける

字を正方形で囲んで、マスのなかに均等に書く力を身につけます。取り組む前に正方形の説明をすると、問題への理解が高まります。長方形になっていないか確認しましょう。

鉛筆
チェックリスト
7 に有効

問題42　字と数字を、正方形でかこもう

あ　カ　9

正方形は、文字の向きに合わせて書きます

答え42　字と数字を、正方形でかこもう

あ　カ　9

同じ辺の長さで、直角になっているかを確認しましょう。カタカナ、数字も同様に行います

マス半分（ひらがな、カタカナ、数字）

マスの中に字をきちんと書く力を身につける

半分になるよう、マスと字の上に縦線をひかせます。マスに字を書くときのスペース配分学習につながります。

★

ワーク1（P97）

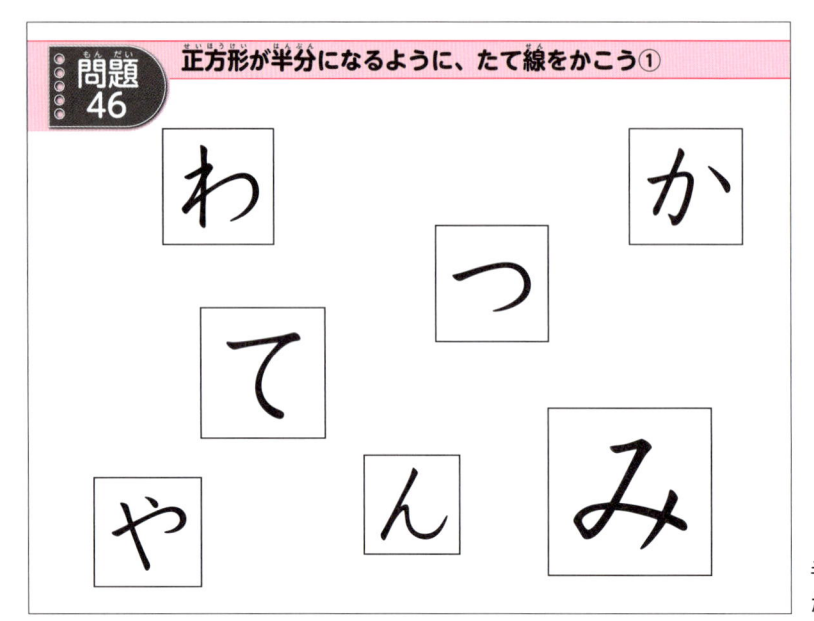

鉛筆
チェックリスト
7 8 に有効

問題46　正方形が半分になるように、たて線をかこう①

わ　か　つ　て　み　や　ん

半分の位置を眼で確認してから、線をひきます

答え46　正方形が半分になるように、たて線をかこう①

半分になっているか定規で測るのもよいでしょう。カタカナ、数字も同様に行います

第4章　認知（脳機能）の問題

赤点かき（ひらがな、カタカナ、数字）

★

鉛筆
チェックリスト
9 に有効

マスの中に字をきちんと書く力を身につける

書き順を間違えやすい場所に、赤点を描きます。それぞれの苦手を克服するオリジナルシートを作ります。

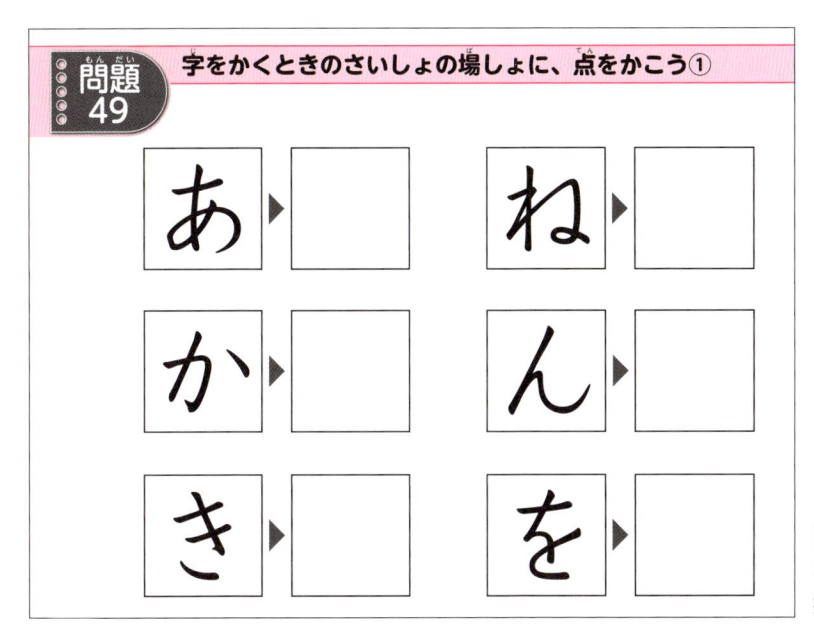

問題 49　字をかくときのさいしょの場しょに、点をかこう①

あ ▶		ね ▶	
か ▶		ん ▶	
き ▶		を ▶	

間違いやすい書き出し位置を眼で確認してから、点を描き入れます

答え 49　字をかくときのさいしょの場しょに、点をかこう①

あ ▶ ・		ね ▶ ・	
・か ▶ ・		ん ▶ ・	
・き ▶ ・		を ▶ ・	

文字を書くときは赤点の上をなぞります。カタカナ、数字も同様に行います

101

はじめの点（ひらがな、カタカナ、数字）

★

ワーク1（P103）

鉛筆
チェックリスト
3 5 7 8 に有効

マスに字をきちんと書く力を身につける

字の見本を見て、白紙のマスの中に書きはじめの点を書きます。最初の書きはじめをどこに書いたかを見て、マスの中から字がはみでていないか確認します。

問題49 字をかくときのさいしょの場しょに、点をかこう①

あ ▸ ☐　ね ▸ ☐
か ▸ ☐　ん ▸ ☐
き ▸ ☐　を ▸ ☐

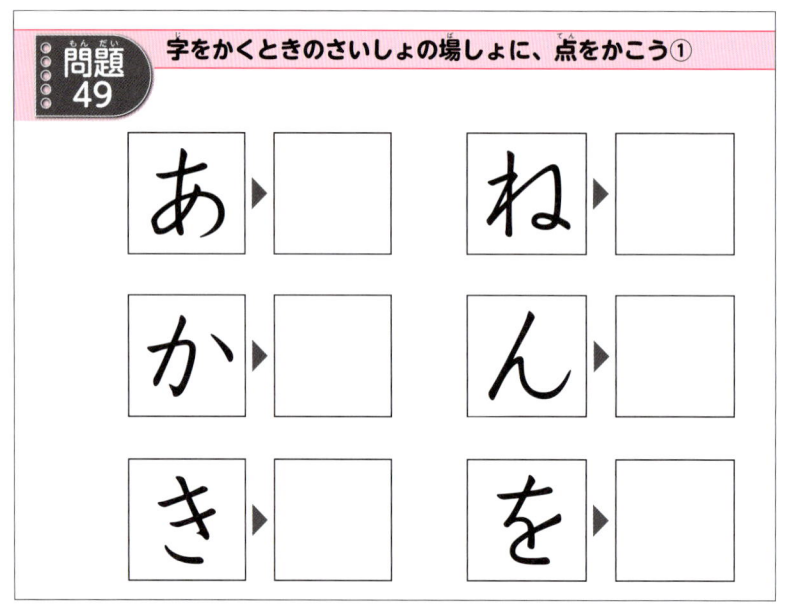

1画目の書き出し位置を眼で確認してから、点を書き入れます

答え49 字をかくときのさいしょの場しょに、点をかこう①

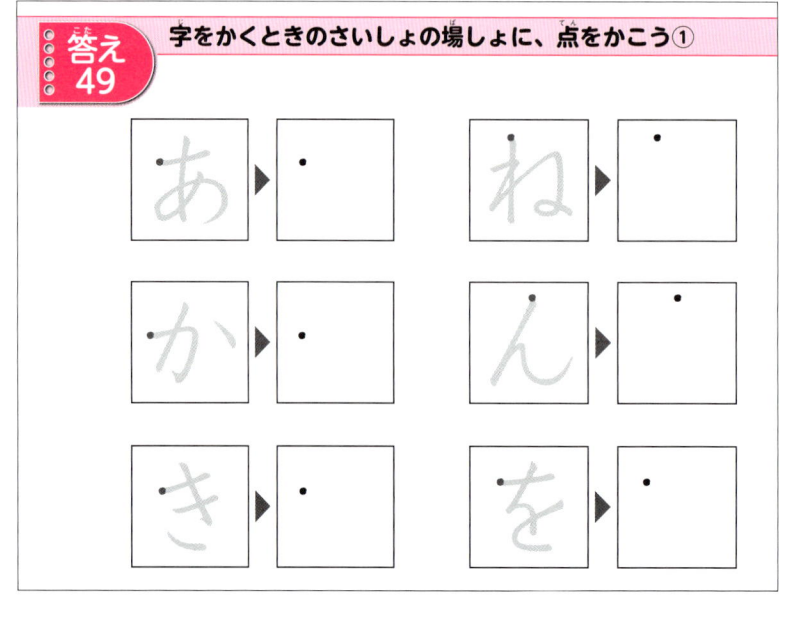

赤点の上から文字を書きはじめます。カタカナ、数字も同様に行います

102

第4章　認知（脳機能）の問題

五十音白紙書き ★★

縦と横の行の配置力をやしなう

白紙に字がずれなによう、五十音を順番に書いていきます。字だけではなく、紙面全体を見る力にもつながります。

> 白紙の用紙
> 鉛筆
> チェックリスト
> ③ に有効

強調法 ★

「トメ」「ハネ」「ハライ」を書けるようにする

トメ、ハネ、ハライなど、うまく書けない部分を強調した大きな見本をなぞります。大きな字をなぞることで、「トメ」「ハネ」「ハライ」が身につきます。

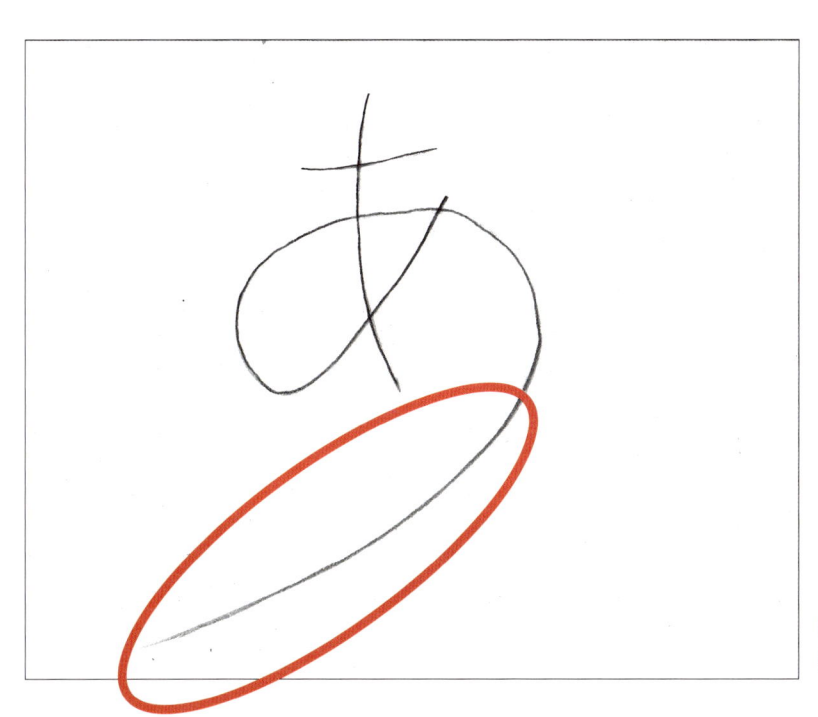

> 鉛筆
> チェックリスト
> ② に有効

「あ」のハライがうまく書けないときの見本です。これをなぞります

マスをかこう ★★★ ワーク1 (P109)

マスの大きさの文字の位置の感覚をやしなう

専用プリントの文字を、正方形で囲みます。同じ大きさで正方形を描いているか確認しましょう。

鉛筆
チェックリスト
7 8 に有効

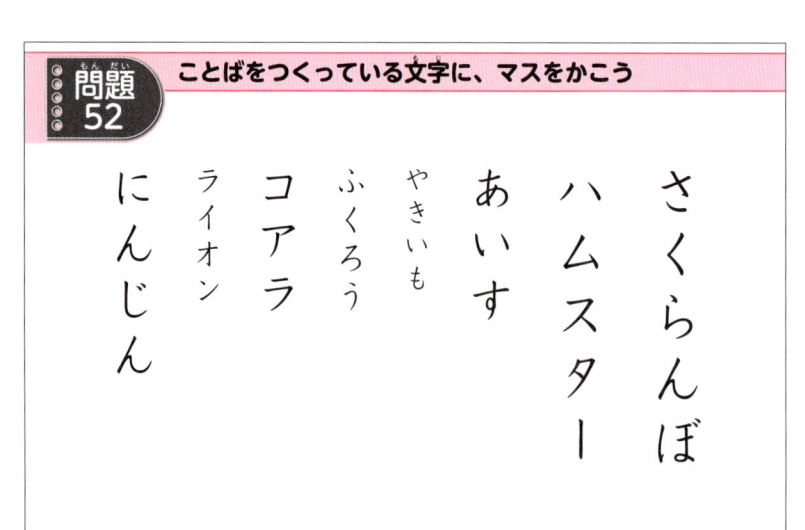

問題52 ことばをつくっている文字に、マスをかこう

さくらんぼ
ハムスター
あいす
やきいも
ふくろう
コアラ
ライオン
にんじん

マスの位置を眼で確認してから、書き出します

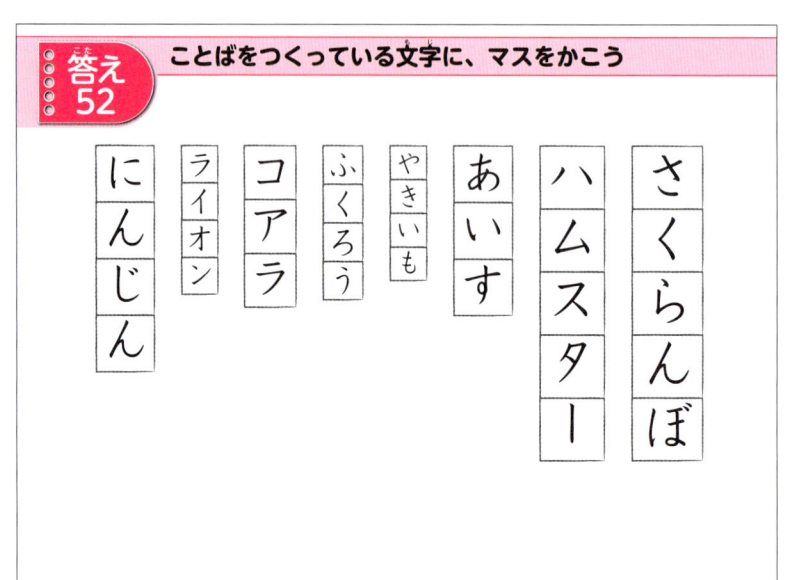

答え52 ことばをつくっている文字に、マスをかこう

さくらんぼ
ハムスター
あいす
やきいも
ふくろう
コアラ
ライオン
にんじん

マスの大きさが均等か確認します

第4章　認知（脳機能）の問題

線の上にかこう ★★★ ワーク1（P111）

スペースと文字の大きさの感覚をやしなう

長さが異なる線の上に、まるを5つ描きます。スペースを頭の中で理解しながら、文字の間隔をどれくらいで書けばよいのか考えます。

鉛筆
チェックリスト
7 8 9 に有効

問題53　線の上に、同じ大きさの丸を、5つかこう

どのくらいの大きさ、
間隔で描けばいいかが
ポイントです

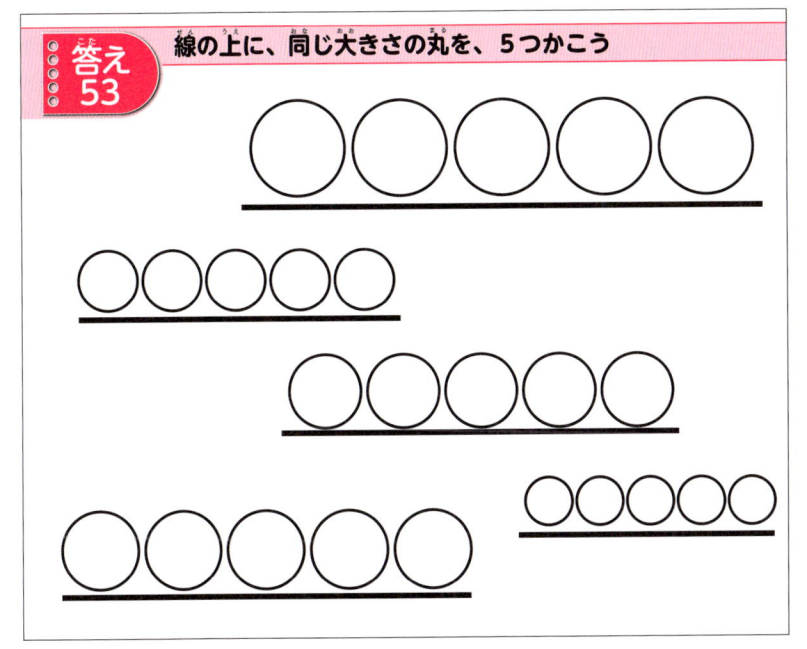

答え53　線の上に、同じ大きさの丸を、5つかこう

文字の大きさと間隔を
確認しましょう

105

「斜めマス」による書き方練習

> ワーク2 ワーク3

対角線を使って線を書きやすくする

斜めの線が苦手な場合などに、従来の十字の線が入ったマスでなく、対角線を使ったマス（「斜めマス」と呼んでいます）で練習すると、斜めの線などが書きやすくなります。

> 鉛筆
> チェックリスト
> 3 に有効

例　ひらがなワークの「き」

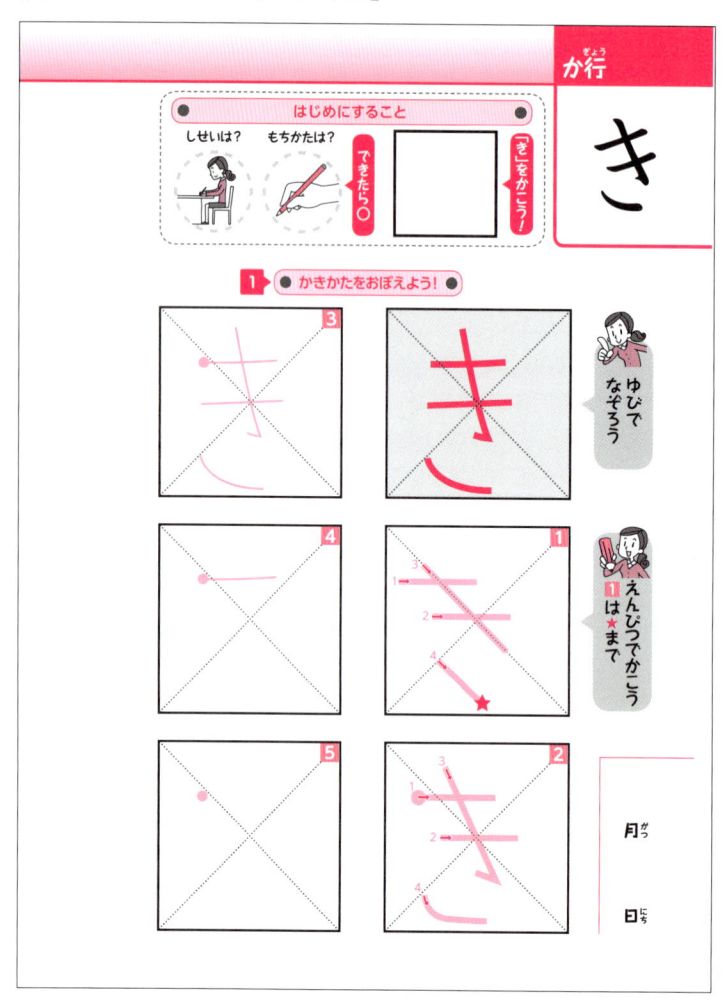

「き」の斜めの線を書くのが難しい場合このように対角線上に書くことからはじめるとうまくいきます。

覚えるのが苦手な子への サポートのコツ

文字だけにとらわれないで、正方形などの図形と組み合わせ練習をしましょう

文字の形や大きさを認識し、マスの中などに上手に書くには、文字と図形を組み合わせたトレーニングが必要です。

付録

教室で配れる
プリント集

字がうまくなるために

1 座る姿勢の○と×

● こしがまるまっていないかな？

● 足はしっかり床についているかな？

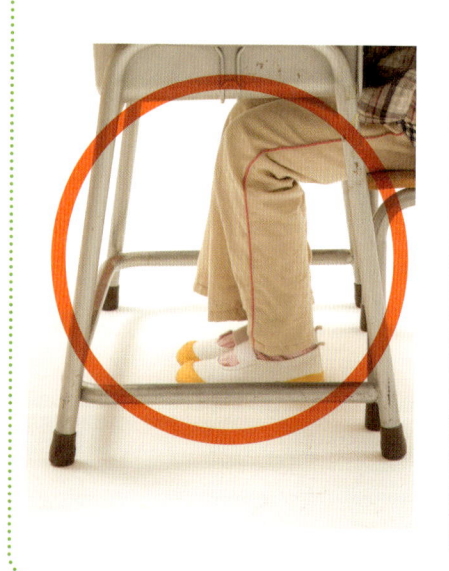

2 字がうまくなるために
やってみよう！
姿勢がよくなる脚あげ体操

● 脚あげ体操

両ひじを机につけてしっかり支えます

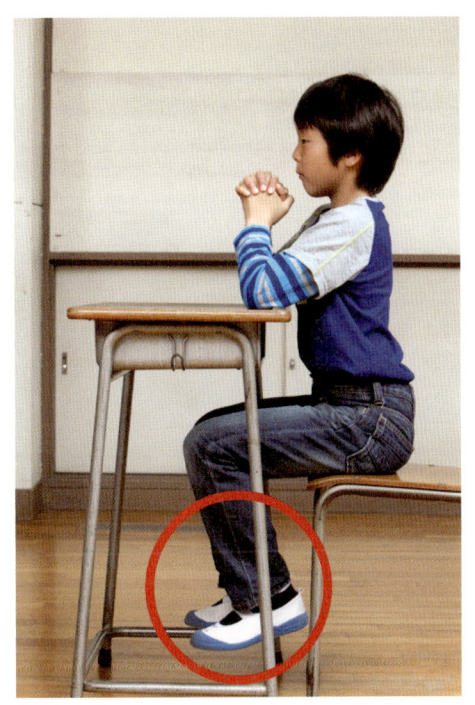

両脚を床から5秒離します

3 字がうまくなるために
やってみよう！
姿勢がよくなる足脚体操

● 足脚体操

❶ 内側こすり体操
内くるぶしに足の裏をあて、上にこすりあげていきます。4回おこないます

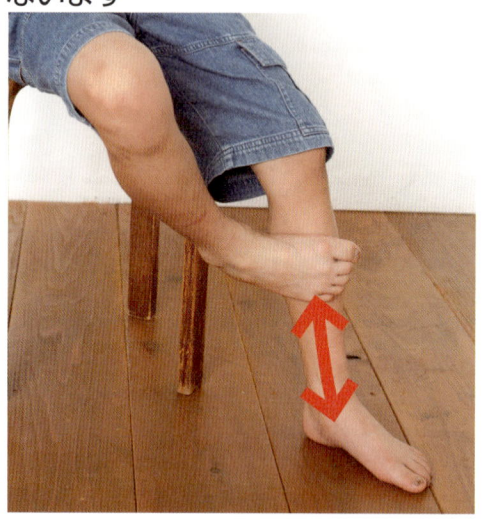

❷ 外側こすり体操
外くるぶしに足の甲をあて、上にこすりあげていきます。4回おこないます

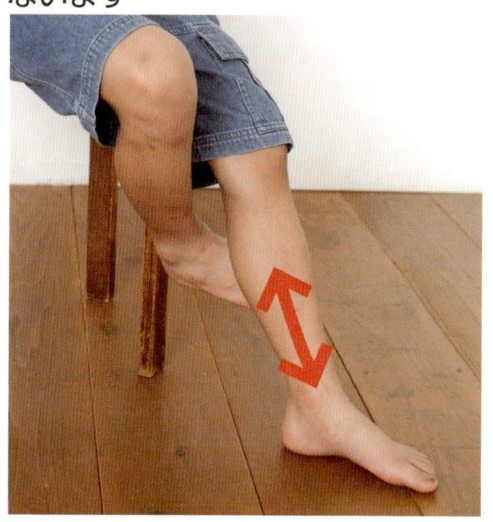

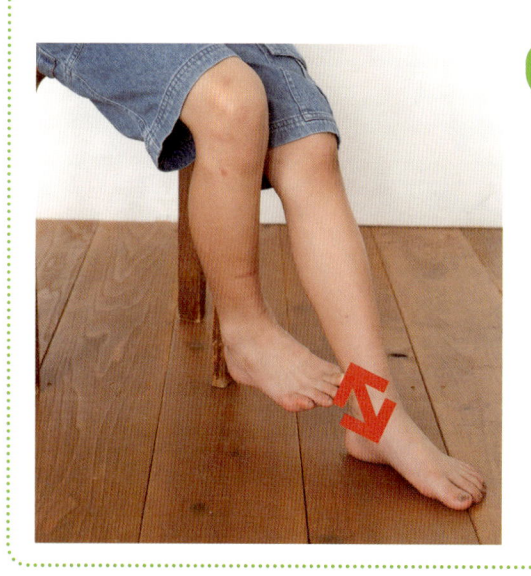

❸ アキレス腱はさみ体操
アキレス腱を親指と人さし指ではさみ、上下に動かします。4回おこないます

字がうまくなるために

4 鉛筆の持ち方○と×

○

× **先っぽ持ち**
鉛筆の先のとがっている部分を握る持ち方

× **人さし指逆「く」の字**
人さし指に力をいれすぎている持ち方

× **親指でっぱり**
親指を人さし指にあてる持ち方。

鉛筆の持ち方が悪いと、
字がきたなくなり、書くのが遅くなります。

5 字がうまくなる やってみよう！鉛筆体操

● リングづくり

親指と人さし指で、〇リングをつくります。まんまるになるように、指をやわらかく曲げます。

〇 きれいなまるをつくりましょう

× まるがつぶれています

● しゃくとり虫体操

親指、人さし指、中指で鉛筆の頭を持ちます。しゃくとり虫のように指を曲げたり伸ばしたりしながら、鉛筆の先端へ移動させます。できたら上に戻ります。

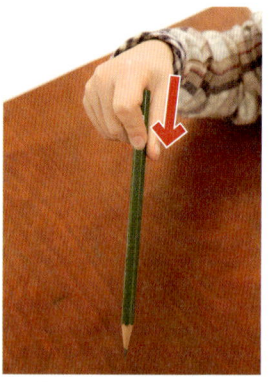

親指、人さし指、中指を大きく動かします

できたら上に戻ります

● 鉛筆コロコロ体操

鉛筆を親指と人さし指で鉛筆をつまみます。落とさないようにコロコロ転がします。

鉛筆を転がします

おわりに

　最後までお付き合いいただき、ありがとうございました。字を書く動きに焦点をあて、指導法を解説しましたが、いかがだったでしょうか？　パソコンなどの普及で、書く機会は少なくなっていますが、それでも手で書くことは様々な場面で必要とされます。特に入試など人生の重要な場面で求められることが多いと思います。

　本書をお読みになられた方はすでにお分かりの通り、書字は「座る」「鉛筆を持つ」「見る」「考える」など様々な動きがともなってはじめて成り立つのです。

　書字が苦手な子どもたちは、「意欲がないからできない、やらない」のではありません。その子の苦手にあった書く課題を発見し、適度な身体補助をしてあげれば、できるようになっていきます。

　本書で示した指導が役に立ち、子どもたちが自信をつけ、書くことが楽しめるようになっていってほしいと思います。

笹田　哲

● 著者 ●

笹田哲（ささだ　さとし）

神奈川県立保健福祉大学リハビリテーション学科作業療法学専攻准教授（現 同大学教授、リハビリテーション学科 学科長）。作業療法士。広島大学大学院医学系研究科修了、明治学院大学大学院文学研究科心理学専攻修了（特別支援教育を専攻）。博士（保健学）・修士（心理学）。作業療法と学校・園の連携を研究テーマとし、これまで学校・園を数多く訪問して、実際に発達が気になる子どもたちの支援に取り組んできた。NHK「ストレッチマンV」の番組企画委員、横須賀市支援教育推進委員会委員長も務める。著書に『気になる子どものできた！が増える 体の動き指導アラカルト』『同 3・4・5歳の体・手先の動き指導アラカルト』『同 体育指導アラカルト』『発達障害領域の作業療法』（共著、以上、中央法規出版）『「かしこい体」のつくり方』『学校での作業療法』（以上、山洋社）等がある。

● モデル ●

上保 伊雄紀（うわぼ　いおき）
遠藤 直人（えんどう　なおと）
纐纈 修平（こうけつ　しゅうへい）
古閑 夏実（こが　なつみ）
斉藤 志帆（さいとう　しほ）
髙橋 諒（たかはし　りょう）
竹下 勝貴（たけした　まさき）
中原 蒼仁（なかはら　そうじん）
深津 楓（ふかつ　かえで）

● スタッフ ●

制作　　　　ナイスク（http://naisg.com）
　　　　　　松尾里央　石川守延　岩﨑麻衣　土屋かおり　藤原正則
撮影　　　　魚住貴弘
カバーデザイン　HOPBOX
本文デザイン　　HOPBOX　レンデデザイン（小澤都子）
イラスト　　　　HOPBOX（瀬戸奈津子）

気になる子どものできた！が増える
書字指導アラカルト

2014年 3月17日　初版発行
2024年 7月20日　初版第7刷発行

著　者　　笹田 哲
発行者　　荘村明彦
発行所　　中央法規出版株式会社
　　　　　〒110-0016　東京都台東区台東3-29-1　中央法規ビル
　　　　　TEL. 03-6387-3196
　　　　　https://www.chuohoki.co.jp/
印刷・製本　ルナテック

定価はカバーに表示してあります。
ISBN978-4-8058-3990-4

本書のコピー、スキャン、デジタル化等の無断複製は、著作権法上での例外を除き禁じられています。また、本書を代行業者等の第三者に依頼してコピー、スキャン、デジタル化することは、たとえ個人や家庭内での利用であっても著作権法違反です。
落丁本・乱丁本はお取り替えいたします。
本書の内容に関するご質問については、下記URLから「お問い合わせフォーム」にご入力いただきますようお願いいたします。
https://www.chuohoki.co.jp/contact/